Your Ability is SustainAbility.

나는 이 책을 덮기 전 지속가능한 사회를
함께 만들어가는 운동에 동참하고자 합니다.
종이컵을 쓰지 않는 작은 일에서부터,
지속가능한 사회를 향해 가는 방법을
찾고, 나누고, 실행할 것입니다.
하나뿐인 지구와 함께, 그 지구 위의 모든 생명과 함께.

실천인 _____

지속가능은
가능한가?

지속 가능은 가능한가?

Act
Right
Now

지속가능한 사회로 가는 6가지 핵심 제안

김홍탁 | 문나래 | 이상진 | 장헌주 | 임지성 | 이주열, 박성재 지음

휴먼큐브

지속가능한 사회는 가능한가?

인류 역사에서 19세기까지 인간에게 가장 큰 두려움의 대상은 전쟁과 질병과 기아였다. 전쟁은 늘 있었고, 2억 명 가까운 사상자를 낸 페스트, 아메리카 원주민의 3분의 1을 죽음으로 내몬 천연두, 아직도 아프리카 사람들을 죽음에 이르게 하는 말라리아가 창궐했다. 19세기 아일랜드에서는 감자 농사 흉년으로 대기근이 일어나 100만 명이 사망했고, 많은 사람들이 미국이나 호주로 피난했다. 정치난민이 아니라 기아난민이었던 것이다.

21세기 현시점에도 전쟁, 질병, 기아는 여전히 존재한다. 이에 덧붙여 인간의 몸과 마음을 갉아먹는 두려움의 요소는 나날이 증가하고 있다. 극단에 이른 빈부 차이, 그에 따른 신분 양극화와 교육 불평등, 늘어나는 실업자, 은퇴 후의 불안정한 생활, 젠더 불평등, 환경 오염 및 생태계 파괴, 에너지 고갈, 쓰나미나 지진 같은 자연재난, 슈퍼박테리아의 공습, 범죄율 증가와 '묻지 마' 테러, 핵무기에 대한 불안…… 점점 늘어가는 불안 요소의 목록을 확인하는 것이 두려울 따름이다.

이 지구는 지속가능한 생태계를 유지할 수 있을까? 굳이 이성적인 추리를 하지 않고도 우리 주위를 둘러보기만 해도 체감할 수 있는 질문이다. 이제 '지속가능sustainable'이라는 단어는 국가, 민족, 종파를 떠나 이 시대를 아우르는 키워드가 됐다. 2019년 7월 현재 구글에 'sustainable'을 입력하면 무려 5억 2300만 개의 글이 올라온다. 그 수는 더욱 늘어날 것이다. 그만큼 지속가능한 사회를 만들어야 한다는 절박함이 전 지구적으로 퍼져 있다.

지금까지 국제기구 및 각국 정부와 NGO 차원에서 정책을 세우고 지속가능한 솔루션을 제공하기 위해 많은 노력을 기울여왔다. 하지만 그 솔루션이 늘어가는 문제점을 따라잡지 못했다. 기업도 팔 걷고 나선 지 제법 시간이 흘렀다. CSRCorporate's Social Responsibility:기업의 사회적 책임이라는 개념의 사회공헌 활동을 통해서였다. CSR은 기업이 사회로부터 이윤을 얻었으니 그 일부를 사회에 되돌려준다는 생각에 기초한다. 기업의 사회공헌 활동은 그 취지로만 본다면 역사가 깊다.

지속가능은 가능한가?

혹자는 기원전 2500년, 히브리인이 세금으로 십일조를 거둬 소득이 많은 이가 적은 이에게 나누어준 것이 시초라고 보기도 한다. 이후 CSR이라는 용어로 개념이 정립된 것은 미국 경제학자 하워드 보웬Howard Bowen의 저서 『경영자의 사회적 책임Social Responsibilities of Businessman』(1953)에서였다. 그러나 당시에 '지속가능성sustainability'이라는 용어는 CSR의 저변을 받쳐주는 개념으로 사용되지 않았다.

대한민국에서 전개된 CSR 활동은 대략 3기로 구분해볼 수 있다. 1.0시대의 CSR은 주로 고아원, 양로원 등에 재정적 도움을 주는 기부 활동이나, 겨울철 저소득층 가정에 연탄을 들여주고 김장을 해주는 등의 봉사활동 수준이었다. 이 시기에는 CSR이라는 용어 자체가 등장하지 않았다. 2000년대 초반부터 시작됐다고 볼 수 있는 2.0시대의 CSR은 각 기업이 '업'의 개념에 맞는 활동에 집중하면서 사회에 도움을 주고 기업의 핵심 가치도 높이는 방식으로 진행되었다. 예를 들어, 하나투어 여행사에서 한부모 가정, 형편상 신혼여행을 가지 못한 부부, 소년원 보호처분을 받은 청소년 등을 위한 여행 프로그램을 운영한다든지, 전국에 그물망처럼 퍼져 있는 야쿠르트 아줌마들이 매일 독거노인의 집을 찾아가 안부를 물으며 고독사 예방 활동을 벌이는 것 등이다. 이 시점은 국내 기업이 글로벌 기업으로 발돋움하는 시기이기도 해서 삼성과 같은 대기업에서는 글로벌 CSR 활동을 펼치기 시작했다. 이때부터 CSR이라는 용어가 본격적으로 등장한다.

이제 3.0시대에 돌입했다. CSV^Creating Shared Value라는 가치 창출에 중점을 둔 새로운 용어가 도입된 2013년 이후 본격화됐다고 볼 수 있다. 이전의 CSR 활동과 가장 크게 다른 점은 지속가능한 플랫폼을 만드는 것이다. 이는 유엔의 '지속가능발전목표^Sustainable Development Goals: SDGs'를 비롯, 사회공헌 활동에 거대한 영향을 미치는 인플루언서들이 주창해온 지속가능한 사회를 만들어가기 위한 행동강령이라 할 수 있다. 청년 실업을 줄이기 위한 기본적인 시스템을 만든다든가, 강소기업 육성을 위해 스타트업을 체계적으로 키우는 일, 제3세계 국민들의 질병 예방을 위한 백신 개발, 위생 교육, 생활습관 개선 등 전방위적 시스템을 구축하는 일, 전 지구적 환경오염을 막기 위해 플라스틱 쓰레기를 수거하고 대체하는 방법을 고안하는 일, 그리고 블록체인을 통해 기업과 시민이, 정부와 국민이 상생하는 새로운 시스템을 고안하는 일 등이 모두 CSV 활동에 속한다.

CSR 활동은 다른 분야에서도 사회적 책임에 대한 의식을 환기시키며 그 의미를 확대해나가고 있다. 예를 들어 투자회사에서는 '사회적 책임 투자'라는 어젠다를 설정하고 '화석연료에는 투자하지 않는다' 등의 원칙을 세우고 있다. 금융계의 체질 개선에도 사회적 가치를 창출하는 일이 우선적인 고려사항이 되고 있다.

게다가 4차 산업혁명 시대를 맞이하면서 기술과 데이터가 사회공

지속가능은 가능한가?

헌 활동의 새로운 영역을 개척할 가능성이 커졌다. 다시 말해 머지않은 미래에 사회공헌 활동에도 더욱 과학적이고 효율적인 솔루션이 도입된다는 것이다. 예를 들어 한 아프리카 마을에 사는 주민들의 가족병력, 백신을 맞은 횟수, 최근의 치료 상황 등의 데이터를 축적해 분석한다면, AI가 전해주는 알람에 맞춰 적절한 시기에 훨씬 더 효율적으로 질병 관리를 할 수 있을 것이다.*

    CSR의 새로운 생태계에 맞춰, 딜로이트Deloitte와 같은 글로벌 1위 컨설팅 회사에서는 CSR이라는 용어 대신 'CR&SCorporate's Responsibility & Sustainability', 즉 '기업의 사회적 책임과 지속가능성'이라는 용어를 쓰고 있다. 시대 발전에 따라 용어의 의미가 확장되는 데다가 현재 한국에서는 CSR과 CSV 같은 용어가 사회공헌을 뜻하는 의미로 혼용되고 있는 상황**이다. 따라서 이 책에서는 그 의미를 명확히 하기 위해 CSSCreating Sustainable Society, CSRCorporate's Social Responsibility, CSVCreating Social Value의 세 가지 용어로 현재의 활동을 정리하고자 한다. 다음 장의 그림에서 보듯이 기업이나 NGO, NPO, 학교, 시민·종교단체 등의 조직이 달성해야 하는 목표는 지속가능한

---

* 국제아동돕기연합이 진행하고 있는 '키퍼 프로젝트Keeper Project'가 좋은 사례다. 이 단체는 데이터 분석을 통해 적기에 진료할 수 있는 앱을 개발해 탄자니아 오지에서 실험 적용하고 있다.

** 필자는 CSR 3.0의 패러다임을 CSV로 정의하고 싶다. CSV를 주창한 마이클 포터Michael Porter 교수의 정의에 따르면 CSV는 CSR과는 차원이 다른 개념이긴 하다. 그러나 CSR이라는 용어도 시대에 따라 정의의 외연이 넓어질 수 있기에, 사회적 가치 창출에 좀 더 초점을 맞춘 3.0 패러다임의 CSR을 CSV를 포괄하는 핵심 용어로 사용하기로 한다.

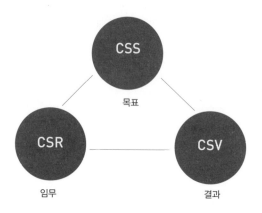

사회를 구현하는 CSS가 될 것이고, 이를 위해 조직들이 기획하고 실행해야 할 임무가 CSR이 될 것이며, 그 결과로 산출되는 것이 사회적 가치를 창출하는 CSV가 될 것이다.

아울러 지속가능한 사회를 만들려면 개개인의 사고방식과 행동양식을 바꿔야만 한다. 지금처럼 무분별하게 입고 먹고 쓰면서 지구의 자원이 지속되기를 바라는 것은 이율배반적이다. 결국 지속가능성은 자본주의 시대에 소비의 주체인 소비자가 지고 있는 부채다. 그런 의미에서 CSR은 소비자가 가져야 할 사회적 책임Consumer's Social Responsibility이기도 하다는 점을 강조하고 싶다.

앞서 언급한 대로 지금 세계는 지속가능한 사회를 만들 인적, 시스템적 인프라를 구축하고, 이를 통한 사회적 가치 창출에 초점을 맞

지속가능은 가능한가?

추고 있다. 이를 위해 유엔과 같은 국제기구가, 빌 게이츠나 빌 클린 턴 같은 인플루언서들이, 월드비전·세계은행 같은 NGO들이, 그라 민Grameen 은행·아름다운 가게 등의 사회적 기업과 기타 이타적인 생 각을 공유하는 수많은 단체 및 개인들이 앞장서고 있다. 특히 기업의 사회적 가치 창출에 대한 기대는 나날이 커지고 있다. 기업 평가 기 준에는 반드시 사회공헌 항목이 들어 있고 비중도 크다. 정부에서도 진정성 있는 사회적 기업이 많이 배출되어 경제적 가치에 앞선 사회 적 가치를 만들어낼 것을 독려하고 있다. 다시 말해 '사회에 좋은 것 이 기업에도 좋은 것'이라는 믿음이 옳다는 것을 입증하려 한다.

이렇듯 '지속가능한 사회'나 '사회적 가치'라는 용어가 빈번히 쓰이 고 있는 데 비해, 그것을 달성하려면 어떻게 접근해야 할지 구체적인 방법을 찾기가 쉽지 않은 형편이다. 이 책은 그러한 막연함과 궁금 증에 대해 팁을 줄 수 있는 내용으로 구성되어 있다. 현업에서 오랫 동안 사회공헌 활동을 담당한 사람들이 쌓아온 노하우와 경험을 이 책에 담았다.

1장에서는 왜 지속가능한 세상을 구현하기 위해 창의성이 필요한 지를 '크리에이티브 솔루션Creative Solution'의 관점에서 김홍탁이 그 전 반적인 생태계를 설명했으며, 2장에서는 각 기업이 어떤 형태의 컬래 버레이션을 통해 CSR을 구현하고 있는지를 '컬렉티브 임팩트Collective

Impact' 측면에서 문나래가 기술했다. 3장에서는 CSR 활동을 통해 기업의 핵심 가치를 어떻게 깊고 넓게 퍼뜨려가는지를 '브랜드+소셜 밸류 Brand+Social Value'의 관점에서 이상진이 정리했다. 4장에서는 글로벌 기업이 어떻게 CSR을 기획하고 전 세계적으로 운용하는지, 그리고 그것을 통한 위기 관리와 PR을 어떻게 연계시키는지에 대해 '소셜 임팩트 Social Impact'의 관점에서 장헌주가 기술했다. 5장에서는 유엔이 채택한 지속가능발전목표인 SDGs가 어떤 의미로 선정됐으며, 그 목적을 달성하기 위해 어떻게 전 지구적으로 운용되고 있는지에 대해 '지속가능성의 가치 Sustainable Value'의 관점에서 임지성이 다뤘다. 마지막 6장에서는 이 시대의 새로운 가치 사슬이라 할 수 있는 블록체인을 통해 현재 1.0 수준에 머물러 있는 사회적 기업의 업의 개념과 공유경제의 개념이 어떻게 지평을 넓혀가고 있는지에 대해 '사회적 기업의 미래 Future of Social Enterprise'의 관점에서 박성재와 이주열이 설명했다.

　총 6장에 담긴 내용은 각 분야의 전문가들이 책상 위에서 얻은 지식이 아니라 현장에서 발로 뛴 경험들이다. 마케팅/브랜딩(김홍탁), 사회공헌 플랫폼 구축 및 관리(문나래), 기업의 CSR 기획 및 실행(이상진), 글로벌 CSR 활동을 통한 공유가치 창출 업무(장헌주), SDGs의 글로벌 운용(임지성), 그리고 블록체인을 통한 새로운 사회적 기업의 표본 창출(박성재, 이주열)을 담당해온 각기 다른 분야의 전문가

지속가능은 가능한가?

7명으로부터 하나의 목표를 향한 다양한 목소리를 들을 수 있을 것이다.

이 책은 앞 장부터 차례로 읽지 않아도 된다. 각자 필요한 부분을 먼저 읽어도 전체 맥락을 이해하는 데 문제가 없다. 모쪼록 기업의 CSR 업무 담당자, NGO/NPO, 정부의 해당 부서, 기타 사회공헌을 다루는 대학이나 연구소 같은 기관, 종교단체, 그리고 사회복지를 전공하고 있거나 사회복지에 관심이 많은 학생들이 지속가능한 사회를 만들기 위해 전 지구적으로 어떤 노력이 어떻게 이루어지고 있는지에 대한 'Know What'과 'Know How'를 참조하는 데 이 책이 두루 알찬 도움이 되었으면 한다.

자, 이제 이 책의 제목인 '지속가능은 가능한가?'에 대한 잠정적인 답을 할 차례다. 자연환경의 변화로 지구의 종말이 올 것이라는 이야기도 들리고, 종교적 종말론도 자주 접한다. 그러나 지금 우리가 직면한 지구의 위기는 그 지구에 살고 있는 우리 인간이 초래한 것이다. 우리의 생각과 행동이 달라진다면, 그래서 이 책에서 언급된 노하우가 전 세계로 확장된다면, 우리가 초래한 문제점을 해결할 수 있을 것이다. 인간은 유한하다. 그 유한성의 존재가 지속가능성을 일궈야 하는 숙제를 안고 있다. 이 아이러니는 그러나, 지속가능성의 창출이 인간이 이 세상에서 할 수 있는 가장 가치 있는 일이라는 사실을 웅

변으로 드러낸다. 그러므로 '지속가능은 가능한가?'에 대한 대답은 '그렇다!'이다.

2019년 8월
대표 집필 김홍탁

Chapter 1.
Creative
Solution

원조에서
솔루션으로
From Aid to Solution

김홍탁
Creative Solutionist / Founder of 2kg / 전남일보 총괄콘텐츠디렉터
연세대학교 객원교수

크리에이티브 솔루셔니스트인 김홍탁은 직함의 의미 그대로 창의적인 솔루션을 만드는 일을 해왔다. 주로 기술에 스토리가 접목된 솔루션이다. 가상현실 기술을 접목해 실향민 할아버지를 북한의 고향집까지 모셔다 드리는 '고잉홈' 프로젝트가 좋은 예다. 그가 CSR에 본격적인 관심을 갖기 시작한 것은 2004년 삼성의 글로벌 사회공헌 캠페인을 주도하면서부터였다. 'Sharing timeless values'라는 콘셉트의 이 캠페인에는 이미 지속가능성을 대변하는 현시대의 키워드인 'Share'와 'Value'라는 단어가 포함되어 있다. 당시의 생각은 이 시대의 가치를 집약한 'Share&Care'라는 키워드를 만드는 씨앗이 되었고, 지속가능한 사회를 향한 생각을 나누는 것으로 이어져 왔다. 그는 기아대책, 유엔난민기구, 유니세프, 해비타트, 하나투어문화재단, 유엔협회 세계연맹 등의 NGO, 국제기구, 사회적 기업과 협업한 경험이 있으며, 칸 라이언즈, 원쇼, 런던 인터내셔널 어워드, 뉴욕 페스티벌, 애드페스트 등의 국제 광고제에서 수상하고 심사한 경험을 통해, 제대로 작동되는 솔루션을 만드는 데 힘쓰고 있다.

Intro. 세상을 돕기 위해
당신의 창의력이 필요하다

"세상을 돕기 위해 당신의 창의력을 활용하라Use your creativity to help."

이 선언적 문구는 '빌 앤드 멀린다 게이츠 재단Bill & Melinda Gates Foundation'(이하 빌 게이츠 재단) 건물에 들어서면 제일 처음 마주하게 되는 문구다. 아마도 현재 지구에서 지속가능한 사회를 위한 활동에 가장 큰 영향력을 행사하는 사람을 꼽으라면 주저 없이 빌 게이츠가 떠오를 것이다. 이 재단을 중심으로 세상을 돕는 일을 과학화, 체계화한 장본인이 바로 빌 게이츠이기 때문이다. 그가 마이크로소프트의 경영 일선에서 물러나 재단을 설립하고 지속가능한 사회를 만들기 위해, 특히 저개발국의 빈곤, 건강, 교육에 대한 솔루션을 찾기 시작한 것은 2000년이었다. 재단 홈페이지(https://www.gatesfoundation.org)에 들어가 보면 그가 벌이는 사업의 규모와 구조를 알 수 있다.

중요한 것은 빌 게이츠가 '창의성creativity'이라는 단어를 콕 집어 자신의 사업을 규정하는 철학적 명제에 넣었다는 점이다. 그의 경험상 창의적 사고 없이는 진정한 의미의 솔루션을 제공할 수 없다고 판단했기 때문이다. 여러 국제기구나 NGO들이 저개발국 지원 사업을 해왔지만, 근본적인 해결책이라기보다는 급한 불을 끄기 위한 원조 업무가 대부분이었다. 깨끗한 식수가 부족한 지역에 우물을 파주는 식의 활동을 해온 것이다. 물론 그 일이 매우 시급하고 도움이 되는 것은 분명하지만, 우물을 파주는 것이 원조의 전부라면 그것은 눈앞의 숙제만 해치우는 것과 다를 바 없다. 식수는 다시 오염될 것이고, 관리 부족으로 우물 역시 오염될 가능성이 크다. 말라리아를 예방하기 위해 모기장을 제공한다 해도, 그 모기장이 필요한 곳에 쓰이지 않고 누군가의 손을 거쳐 시장에서 팔리고 있다면 그 또한 문제 해결에 도움이 되지 않는다. 아프리카에 퍼져 있는 에이즈에 대한 대책도 문제다. 콘돔을 나눠주는 것이 능사가 아니다. 남성들이 그것을 사용하게끔 해야 하는데, 나 몰라라 하는 그들의 습관을 어떻게 바꿀 것인가.

이러한 사실은 원조 업무도 크리에이티브 솔루션에 입각한 플랫폼이 되지 않으면, 즉 지속가능성이 담보되지 않는다면, 그저 물적·인적 자원을 깨진 독에 물 붓듯 투여하는 형국이 되기 십상이라는 점을 알려준다. 더욱이 새로운 바이러스의 확산, 급작스러운 테러, 인권 탄압, 자연환경의 파괴 등 예상하지 못했던 문제들이 발생하고 그것이 빠르게 생태계를 무너뜨리는 이 시대에, 적시에 지속가능한 해결 방법을 고안하기 위해서는 민첩성agility이 요구된다. 그것은 빠르게 제품을 생산하고 공급해야 했던 산업시대의 중요한 화두인 속도전

fast과는 다른 문제다. 유연하고 적합한 솔루션을 적시에 제공한다는 것은 쉬운 일이 아니다. 전 세계 인플루언서들과 유엔 같은 국제기구가 과학적인 접근을 통해 크리에이티브 솔루션의 플랫폼을 만들려고 시도하는 이유가 여기에 있다.

나아가 빌 게이츠는 세계 최대의 크리에이티브 축제인 '칸 라이언 즈Cannes Lions'와 손잡고 2012년에 '칸 키메라Cannes Chimera'라는 행사를 론칭했다.* 이 행사는 전 세계인들로부터 세상의 문제를 해결하는 솔루션에 대한 아이디어를 공모받아 최종 선정된 우승자에게 100만 달러를 지원해 그 아이디어를 실행하도록 하는 프로젝트다. 세계 곳곳에서 다양한 아이디어가 모이면 칸 라이언즈에서 선정한 심사위원들이 1차 온라인 심사로 10개의 팀을 선발한다. 이 팀들은 미국 시애틀에 있는 빌 게이츠 재단 본부에 모여 자신들의 아이디어를 프레젠테이션하고, 그곳에 모인 심사위원들과 워크숍을 하며 더욱 숙성된 솔루션으로 다듬어가는 과정을 거친다. 크리에이티브한 솔루션이 필요했기에 빌 게이츠는 칸 라이언즈에 도움을 요청했고, 이에 칸 라이언즈 사무국은 멘토링을 해줄 수 있는 세계 유수의 크리에이터들을 심사위원으로 선정해 지원해주었다. 크리에이티브 솔루션을 창출하기 위해 전 세계인들이 머리를 맞댄 집단지성colletive intelligence의 힘을 보여준 명쾌한 사례라고 할 수 있다.

* 칸 키메라 웹사이트 http://www.canneschimera.com 참조.

2012년 11월에 빌 게이츠 재단과 칸 라이언즈가 개최한 제1회 칸 키메라.
저개발국의 문제점을 해결하기 위한 아이디어를 전 세계에서 공모받고
선정된 아이디어를 집행한다.

이제 '크리에이티브 솔루션'이라는 단어는 '적시에timely 상황에 맞는customized 실질적인practical 해결책'을 뜻하는 키워드로 자리 잡았다. 특히 창의적 사고를 통해 시장의 문제점을 해결해왔던 수많은 광고인들이 자신들의 지식과 경험을 활용해 사회문제를 해결하는 데 힘을 쏟고 있다. 광고회사의 아이디어가 최근 10여 년 동안 전 세계에서 회자됐던 수많은 솔루션들을 탄생시켰으며, 솔루션 창출의 새로운 생태계를 만들어가는 데 기여했다.

CJ 미네워터의 바코드롭 캠페인

한 가지 예를 들어보자. 제일기획이 선보였던 미네워터의 '바코드롭barcodrop 캠페인'은 물방울 형태의 바코드를 활용하여 새로운 기부 문화를 형성했을 뿐 아니라, 그 문화를 통해 공유가치를 창출하면서 브랜딩에 도움이 되고 사회문제 해결에도 일조하는 결과를 가져왔다. 이후 이 캠페인을 벤치마킹해 좀 더 쉽게 기부할 수 있게 유도한 플랫폼들이 뒤따랐다. 하나의 창의적인 아이디어가 확장되면서 지속가능한 사회를 만들기 위한 선순환의 솔루션을 제공한 것이다.

이 챕터에서는 전 세계에 퍼진 이러한 '쉐어앤케어Share & Care' 문화의 배경을 살펴본 후, 이에 뿌리를 두고 창출된 크리에이티브 솔루션의 사례를 중심으로 지금 지구상에서 펼쳐지는 지속가능 사회를 위한 아이디어의 패러다임을 제시할 것이다. 특히 작금의 하드코어 디지털 시대에, 기술과 아이디어가 접목된 크리에이티브 테크놀로지가 어떤 역할을 해왔는지 살펴보는 것도 의미가 있을 것이다.

지속가능은 가능한가?

1. 쉐어앤케어 문화의 확산

글로벌 인플루언서 그리고 유엔의 SDGs

사회문제가 일어나지 않았던 시대는 없었고, 그것을 해결하는 방법이 없었던 것도 아니다. 그런데 지구가 하나의 생태계가 되면서 한 지역에서 발생한 문제가 전 지구적으로 급속히 퍼져나가기 시작했다. 에이즈나 이름 모를 바이러스의 확산, 내전으로 인한 난민의 유입, 그리고 쓰나미·태풍·해수면 상승 같은 지구온난화로 인한 자연재해 등이 그런 예다. 결국 지구의 적은 지구 내에 있었던 것이다. 영화에서처럼 외계인의 침공을 막기 위한 지구방위대가 필요한 것이 아니라, 우리 내부에서 발생하는 문제를 해결하기 위해 전 지구적인 방위대를 만들어야 하는 시점이 됐다.

특히 구조적인 사회문제는 심각하다. 굶어 죽는 아프리카 아이들은 식량이 없어 죽는 게 아니다. 식량을 살 돈이 없어 죽는다. 전 세계에 식량은 차고도 넘친다. 결국 문제는 자원의 분배다. 누군가 총을 난사해서 여러 명을 죽이면 큰 뉴스가 된다. 일주일 이상 그 사건에 대해 보도한다. 그러나 그보다 더 많은 죽음을 초래하는 기아, 에이즈, 기타 질병 등의 원인에 대해서는 별로 관심을 보이지 않는다.

물리적 폭력보다 더 무서운 건 바로 이러한 눈에 보이지 않는 구조적 폭력이다. 오늘날 사회문제는 이처럼 구조적으로 복잡한 양상을 띠고 있기에, 과거의 원조 개념으로는 근본적인 문제를 해결할 수 없게 되었다.

그런데 아직도 CSR이라 하면 겨울에 김장을 해주고 달동네에 연탄을 배달해주는 봉사활동 정도로 생각하는 사람이 많다. 그것이 우리의 현실이다. 겨울철 연탄 배달 활동도 물론 중요하지만, 그것이 근본 해결책은 아니다. 알다시피 화석연료는 지구환경에 좋지 않다. 화석연료를 줄여나가기 위한 사회적 노력이 필요한 형국에 언제까지 연탄을 찍어내고 나를 것인가. 효율성 높은 태양광 집열판을 개발·설치해 집집마다 전기를 공급하고 난방하는 것이 맞는 방법이다. 그것이 지속가능한 솔루션이 될 수 있다.

이 같은 크리에이티브 솔루션의 필요성이 부각된 것은, 특히 기업의 입장에서 보자면 사회문제 해결에 대해 단순히 기업의 책임을 강조하던 CSR 1.0에서 CSR 3.0의 개념이라 할 수 있는 CSV로 넘어오면서였다. 한국에서도 2014년 전후로 급속하게 전파된 CSV 개념에 대기업이 적응하면서, 단순히 '돕는 일aid'를 넘어서 브랜딩이 가미된 '지속가능한 솔루션sustainable solution'을 찾게 되었다. 어느 시대건 하나의 어젠다나 키워드가 주류를 형성하는 것은 갑작스럽게 발생하는

지속가능은 가능한가?

일이 아니다. 시대가 처한 환경에서 자연스럽게 도출되는 것인데, 그런 관점에서 지속가능한 솔루션 창출이 사회적 트렌드가 된 배경도 살펴봐야 할 것이다.

우선 빌 게이츠, 앨 고어를 비롯한 인플루언서들의 활동을 들 수 있을 것이고, 유엔과 같은 국제기구의 조직적이고 체계적인 접근 방식도 큰 영향을 미쳤다고 봐야 한다. 유엔은 2000년부터 2015년까지 추진한 '새천년개발목표Millennium Development Goals: MDGs'에 이어, 전 지구적 문제를 해결하기 위해 17개 주 목표와 169개 세부 목표로 구성된 '지속가능발전목표SDGs'를 채택하고 2016년부터 2030년까지 달성해 나간다는 계획이다. 국가와 기업과 시민의 참여를 독려하는 이런 움직임은 지속가능한 사회 만들기에 지대한 영향을 미치고 있다. 자료에 따르면 유엔의 MDGs 노력 덕분에 개발도상국에서 영양실조를 겪는 사람의 비율이 1990년대 23.3퍼센트에서 2014~2016년에는 12.9퍼센트로 크게 감소했다.* 엄청난 성공이라 할 수 있다. 이런 성과를 바탕으로 유엔은 SDGs에서 더욱 정교하게 그 목표를 구조화했다. 이에 대해서는 5장에서 자세하게 살펴볼 것이다.

---

* 한국국제협력단(KOICA), 「KOICA의 MDGs 이행실적 및 시사점」, 2017.

마이클 웨시 교수는 쉐어앤케어 문화의 저변에 유튜브가 있다고 말한다.

유튜브 세대

———

또한 미래의 주역이 될 밀레니얼 세대millenials의 가치관에 대해서도 살펴보아야 한다. 하나의 생태계가 된 지구에서 그들이 쏟는 주된 관심 분야는 인권과 환경이다. 그 두 가지가 지구인의 지속가능성을 담보하는 핵심 요소이기 때문이다. 기업에 대한 감시의 눈초리도 매섭다. 세계적 정보 분석 기업인 닐슨이 발표한 자료에 따르면, 20세 이하의 소비자 가운데 지속가능성을 담보한 브랜드를 구매하겠다는 비율이 75퍼센트에 달한다.*

---

* The Nielson Company, "Global Sustainability Report", Oct 2015, p. 9.

소셜 미디어를 중심으로 문화인류학적 접근을 시도하는 캔자스 주립대학의 마이클 웨시Michael Wesch 교수는 쉐어앤케어 문화의 저변이 확대된 것이 유튜브 덕분이라고 주장한다. 그는 이전의 '엠티비 세대Mtv Gerneration'가 자기중심적인 나르시시스트라면, '유튜브 세대Youtube Generation'는 타인에 공감하고 관심 갖는 세대라고 말한다. 미디어가 특히 젊은 층에 깊은 영향을 미치는 점을 고려해볼 때 그의 지적은 타당하다고 할 수 있다. 파편화된 멋지고 현란한 이미지로 가득한 영상을 보며 자란 세대와, 좋아요like, 공유share, 팔로우follow, 리트윗retweet, 리그램regram이 일상이 된 세대의 간극은 클 수밖에 없다.

쉐어앤케어의 정신을 잘 구현한 영상으로 마이클 웨시 교수는 '프리허그Free Hug' 캠페인을 예로 든다. 2004년 호주 시드니에서 펼쳐진 1인 퍼포먼스로 유명해진 프리허그의 정신을 소셜 무브먼트로 승화시킨 것은 2006년 유튜브를 타고 전 세계로 전송된 프리허그 동영상이었다. 2005년 탄생한 유튜브가 좋은 생각, 가치 있는 행동을 전 세계인들이 빠르게 공유할 수 있는 플랫폼이 되었기에 가능한 일이었다.

민간단체의 감시와 고발

────

사회적 가치를 창출하고 지속가능한 사회를 함께 만들어가는 활동이 전 지구적으로 벌어지면서 이런 흐름에 역행하는 기업들은 역풍을 맞고 있다. 세계 최고의 장난감 브랜드 레고LEGO는 최근 50여 년간 협력관계를 유지했던 거대 석유 기업 쉘Shell과 1억 1000만 달러 규모의 계약을 종료했다.* 쉘은 환경단체의 반대에도 불구하고 알래스카에서 원유 시추 작업을 벌여왔다. 이에 대해 그린피스Greenpeace는 원유 유출의 위험성을 경고하는 동영상을 만들어 북극 환경보호 캠페인을 펼쳤다. 주목할 점은 그 동영상이 처음부터 끝까지 레고 장난감을 이용해 제작되었다는 것이다. 결과적으로 그린피스는 레고를 압박해 말 안 듣는 쉘에 불이익을 준 셈이 되었다. 이 같은 현상은 CSR이 각 기업의 리스크 매니지먼트Risk Management에도 큰 영향을 준다는 사실을 보여주며, 앞으로도 이런 사례는 자주 나타날 것으로 예상된다. 투자자들이 그동안 투자의 판단 근거로 삼았던 기업의 재무적 성과에만 초점을 맞추지 않는다는 것을 입증하는 사례다.

게다가 환경기업임을 표나게 내세우며 뒤로는 환경 파괴를 일삼는 표리부동한 기업에 대한 고발이 이어지고 있다. 대부분의 글로벌 식품회사들은 자신들이 세상에서 가장 규모가 큰 NGO라고 떠벌리거

────

* 딜로이트/조선일보 더 나은 미래, "CSR Trend Report", p.53.

나 자사의 지속가능 프로젝트를 홍보하고 있지만, 알고 보면 제품 원료가 되는 쇠고기, 대두, 팜유(야자수 오일) 등의 공급을 확보하기 위해 전 세계의 산림을 파괴하는 경우도 있다.* '그린워싱Green Washing'** 이라 불리는 이런 행위는 지속가능한 사회를 만들기 위한 노력이 솔루션 제공뿐만 아니라 비양심적 기업에 대한 감시와 규제의 마련에 이르기까지 다방면으로 이루어져야 함을 알려준다. 이처럼 나누고 돌보는 가치에 역행하는 기업에 대한 감시와 규제 역시 지구의 지속가능한 생태계를 유지하려는 쉐어앤케어의 노력 중 하나다.

지금까지 언급한 쉐어앤케어 문화는 우리가 살고 있는 지구를 하나의 생태계로 인식하게 하고 그 생태계에서 발생하는 문제들을 함께 해결해나가자는 동류의식이 확산되는 데 큰 영향을 미쳤다. 20세기 초반 열강의 제국주의 시대를 겪으며 영토를 확장하고 저개발국을 식민화하려던 지구의 정치 생태계가 불과 반세기 만에 공유와 공존의 새로운 영역으로 진입한 것이다. 자국의 이익을 최대화하려는 열강의 정치적 입장이 변한 것은 아니지만, 동시에 '함께 멀리'라는 생태 철학이 들불처럼 번져나가고 있다. 한 개인을 떠나 지구라는 작

---

* 카트린 하르트만, 이미옥 옮김, 『위장환경주의』, 에코리브르, 2018. 18쪽.

** '위장환경주의' 또는 '친환경 위장제품'으로 번역되는 그린워싱은 광고나 홍보를 통해 친환경 이미지를 퍼뜨리고 이로써 경제적 이익을 보려는 기업의 이미지 세탁법이다. 지속가능성의 가치를 지니지 못한 브랜드는 소비자의 선택을 받지 못할 가능성이 점점 커지는 상황에서 그린워싱으로 위장한 기업의 브랜드는 큰 타격을 입을 수밖에 없을 것이다. 지속가능 브랜드의 비즈니스 확장성에 대해서는 5장에서 자세히 다룬다.

은 행성에 함께 사는 지구인으로서 받아들이고 실천해야 하는 일상의 과제가 생긴 것임에 틀림없다.

그 과제를 실천하기 위한 구체적인 방향은 크게 세 가지다. 첫째, 적정기술을 활용한 실질적 솔루션을 개발하는 일이다. 둘째, 지속가능성이라는 글로벌 화두를 알리기 위해 대중의 인식을 바꾸고 환기하는 작업이다. 셋째, 지속가능성을 위한 플랫폼에 행동으로 동참하는 것이다. 이에 대해 구체적인 사례들을 중심으로 살펴보기로 한다.

2. 지역문화에 적용된 적정기술 솔루션

Change Environment: Finding practical solutions for unhappy situations

인플루언서들이 창조한 시스템과 유엔을 비롯한 국제기구의 체계적인 접근법은 세계의 문제점들을 실질적으로 해결하는 데 성과를 거두고 있다. 특히 유엔이 채택한 SDGs(지속가능발전목표)의 17개 과제는 목표 설정이 뚜렷하고 세부 실천 항목이 잘 짜여 있어 이에 관심을 가진 정부, 기관, 기업들이 어떻게 접근해야 할지를 일목요연하게 보여준다. 이러한 생태계 속에서 지속가능한 사회를 만들기 위한 솔루션들이 나오고 있는데, 대부분 '적정기술appropriate technology'을 활용하고 있다. 적정기술이란 비용이 많이 들고 복잡한 하이테크hightech가 아니라, 적은 비용으로 쉽게 적용할 수 있는 로테크lowtech를 도입해 저개발국의 열악한 환경과 보건을 개선하고 삶의 질을 높이기 위한 기술을 말한다. 여기에 '적정'이라는 단어가 붙은 이유는 그 지역의 문화적·정치적·환경적 특성에 맞는 기술을 적용해 실질적인 도움을 주자는 취지다. 이는 서구 사회의 첨단기술이 저개발국에는 적합하지도 않거니와 오히려 해를 끼칠 수 있다는 깨달음에서 나온 것이다.

적정기술이라는 개념은 독일 출신의 영국 경제학자 에른스트 프리드리히 슈마허Ernst Friedrich Schumacher가 고안한 '중간기술intermediate technology'이라는 용어에서 시작되었다. 슈마허는 작은 것에 만족할 줄 아는 마음과 주민 스스로 제어할 수 있는 중간기술을 통해 첨단기술이 없이도 얼마든지 행복하게 살 수 있다고 주장했다. 그러나 '중간'이라는 단어가 기술적으로 미완의 단계를 뜻하거나 첨단기술보다 열등한 느낌을 줄 수 있다는 인식이 대두되면서 이후 '적정기술'이라는 용어가 더 많이 쓰이게 되었다.

적정기술에 대한 논의는 상당히 진전되어 있고, 그 기술을 활용하여 만들어낸 대표적인 솔루션도 많이 소개되어 있다. 특히 Xilebat가 정리한 '적정기술의 열 가지 사례10 Cases of Appropriate Technology'*는 이 분야의 시금석이 된 사례들을 소개하고 있어 가장 널리 인용된다.

그러나 핵심은 적정기술 그 자체라기보다 그 지역 주민들의 일상에서 인사이트를 찾아 적정기술에 접목하는 것이다. 아무리 훌륭한 솔루션이라도 쉽고 효율적으로 활용할 수 없다면, 그것은 솔루션을 위한 솔루션일 뿐이다. 한마디로 적정기술을 활용한 솔루션은 각 지역의 생태계에 가장 최적화된 실질적인 솔루션을 찾는 작업이라 할 수 있다.

---

* https://listverse.com/2010/06/12/10-cases-of-appropriate-technology

소켓Soccket

이 분야의 대표적인 성공 사례는 소켓이다. 하버드대학교 학생 제시카 매슈스Jessica Matthews와 줄리아 실버먼Julia Silverman은 전깃불이 들어오지 않아 밤에 책을 읽을 수 없는 나이지리아 아이들을 도울 방법이 없을까 고민했다. 그들은 아이들의 일상에서 인사이트를 발견하여 단순하면서도 작동하기 쉬운 장치를 떠올렸다. 낮에 축구공을 차며 놀 때 발생하는 운동에너지를 전기에너지로 바꿔주는 간단한 장치를 축구공 속에 설치한 것이다. 아이들이 낮에 신나게 공을 차고 놀면 공 속에서 전기에너지가 만들어지는데, 그 공에 LED 전구를 연결해주는 것이다. 하루 30분 정도 공을 차면 3시간가량 불을 밝힐 수 있다고 한다. 단순하면서도 반짝이는 아이디어 덕분에 아이들은 책을 읽기 위해 멀리 떨어진 공항까지 가지 않아도 되었다. 나이지리아 출신인 매슈스는 자신이 태어나고 자란 지역의 상황을 잘 알고 있었기에 실질적인 솔루션을 창출하는 통찰력을 가질 수 있었다.

소켓의 개발자 줄리아 실버먼(왼쪽)과 제시카 매슈스(오른쪽)

이후 두 학생은 '언차티드 플레이Unchartered Play'라는 사회적 기업을 만들어 저개발 지역의 문제를 적정기술을 통해 해결하는 일을 계속하고 있다. 또한 그들의 특허 기술을 바탕으로 선진국에서도 에너지를 모으고 활용하는 방법을 고안했다. 예를 들어 여행용 가방의 바퀴가 굴러갈 때 발생하는 운동에너지를 전기에너지로 바꾸어주면 휴대전화를 충전할 수 있다.

최근 이들은 '할렘 테크 펀드Harlem Tech Fund'라는 비영리기구를 발족하고, 뉴욕 할렘으로 거처를 옮겨 지역 재생 문제를 해결하려는 의지를 보여주고 있다. 남들이 제2의 빌 게이츠, 스티브 잡스, 마크 저커버그를 꿈꾸며 실리콘밸리로 진출하는 상황에서 그들은 정반대의

지속가능은 가능한가?

하루 30분 공을 차고 놀면 3시간 동안 전구에 불이 들어와 책을 볼 수 있다.

길을 가고 있는 것이다. 언차티드 플레이의 소켓은 적정기술을 활용하여 환경개선을 이룬 모범 사례로 자리 잡았다. 이후 이를 교재 삼아 문제해결에 도전하는 사례들이 다수 목격됐다.

라이프 세이빙 닷Life Saving Dot

___

유엔의 지속가능발전목표SDGs 중 관련 항목

3. 모든 연령대 사람들의 건강 보장과 복지 증진Good Health and Well-being
11. 안전하고 지속가능한 도시와 주거지 조성Sustainable Citiies and Communities

라이프 세이빙 닷 프로젝트는 요오드 부족으로 각종 질병에 시달

요오드 부족으로 질병에 시달리는 인도 여성들을 위한 라이프 세이빙 닷

리는 인도 여성들의 건강을 다뤘다. 빈부격차와 지역 간 편차가 극심한 인도에서 전 국민의 건강 관리에 도움을 주는 일은 쉽지 않다. 먹는 요오드 영양제가 있지만 가난한 여성들은 약을 살 여력이 안 되고, 정부 차원에서 무상제공한다 해도 매일 일정한 시간에 복용하도록 교육하기도 어렵다. 이에 다국적 광고회사 그레이Grey는 힌두교 여성의 생활습관에서 아이디어를 얻어 솔루션을 개발했다. 매일 아침 미간에 그리거나 붙이는 작은 점 빈디bindi를 활용한 것이다. 요오드 용액이 묻어 있는 접착식 빈디를 미간에 붙이기만 하면 된다. 그러면 빈디에 묻어 있던 요오드가 체내에 흡수된다. 이런 방법으로 하루에 필요한 요오드 양인 150~220밀리그램을 충분히 채울 수 있다고 한다. 이 아이디어는 금연을 위해 몸에 니코틴 패치를 붙이는 원리를 활용한 것이다. 이 접착식 빈디는 헬스캠프health camps와 병원을 통해 인도 시골 지역에 배포됐으며, 수많은 여성이 혜택을 보았다. 이

　　　　　　　　　　　　　　　　　지속가능은 가능한가?

역시 주민들의 일상생활에서 인사이트를 얻어 웨어러블 테크놀로지 wearable technology라는 아주 단순한 기술을 접목해 건강 문제를 해결한 크리에이티브 솔루션의 사례다.

마이라인My Line

유엔의 지속가능발전목표SDGs 중 관련 항목

10. 국가 간 및 국가 내 불평등 감소Reduced Inequalities
11. 안전하고 지속가능한 도시와 주거지 조성Sustainable Cities and Communities

마이라인은 2G폰을 이용해 원하는 정보를 얻는 플랫폼이다.

전 세계 77억 인구 가운데 인터넷의 혜택을 받지 못하는 인구가 41억 명이다. 콜롬비아 외곽지역에도 인터넷 접속이 안 되고 스마트폰도 없는 디지털 사각지대가 있다. 이곳 주민들이 스마트 라이프의 혜택을 전혀 받지 못하는 것은 물론이다. 구글은 이들의 일상을 들여다보다가 대부분의 사람들이 2G폰을 사용하고 있는 사실을 발견했다. 2G폰을 스마트폰처럼 활용하여 필요한 정보를 얻을 수는 없을까 하는 생각에서 솔루션 탐구가 시작됐다. 그들은 구글google의 알파벳 형상과 비슷한 숫자 6000913을 누르면 원하는 정보를 얻을 수 있는 '마이라인My Line'이라는 플랫폼을 개발했다. 통화하듯 음성이 연결되면 날씨, 레시피 등 얻고 싶은 정보를 물을 수 있다. 그러면 구글 어시스턴트Google Assistant에 연결되고, AI의 알고리즘으로 실시간 정보를 분석한 후 구글 클라우드를 통해 음성으로 답을 준다. 2G폰으로 마치 아이폰의 시리Siri와 대화하는 듯한 상황이 펼쳐지는 것이다.

구글은 검색엔진이라는 서비스의 핵심 가치를 디지털 사각지대의 2G폰 이용자들도 누릴 수 있는 방법을 찾았다. 빅데이터와 그 데이터의 분석을 통해 최적화된 서비스를 제공하는 기존 구글의 기술력을 열악한 지역 상황에 맞게 변화를 주었다고 할 수 있다. 마이라인 프로젝트는 디지털 격차를 줄이는 것 역시 인권 평등을 향한 소중한 노력이라는 사실을 스마트하게 입증한 사례다.

적정기술을 활용한 이러한 솔루션 사례들은 주로 저개발국의 건강, 기아, 교육을 비롯한 삶의 질을 높이는 데 집중되어 있다. 그리고 삶의 질을 높이는 그 솔루션들은 지속가능이라는 콘셉트에 방점이 찍혀 있다. 여러 차례의 지원 경험을 통해 단순한 물적·인적 지원에는 한계가 있다는 사실을 깨달았기 때문이다. 가장 간단한 방법으로 이용할 수 있는 지속가능한 자립형 솔루션을 제공해 현지 자원을 고갈시키지 않고 그들 스스로 열악한 환경을 개선하는 플랫폼을 기획하는 것이 핵심이다.

더 보면 좋은 자료

· 적정기술의 열 가지 사례
  https://www.youtube.com/watch?v=eB4Os_2DnZk&t=216s
· 모기 퇴치 신문(Mosquito Repellent Paper)
  https://www.youtube.com/watch?v=rMN0_6ytY9I
· 케어 카운트(Care Counts)
  https://www.youtube.com/watch?v=bP6P7a7V4rk
· Smart TXTBKS
  https://www.youtube.com/watch?v=7bUGXqhrVrw
· G-Saver
  https://www.youtube.com/watch?v=ZE-8Lykiufo&index=3&list=PLluOx77MO9
  0mTTk-2ShAwr0R8wDmPPpmb

3. 휴먼 인사이트를 통해 인간의 인식 바꾸기

Change Perception: Raising public awareness about social issues

인간이 오랫동안 간직해온 인식을 하루아침에 바꾸는 것은 쉬운 일이 아니다. 그것은 때로 견고한 편견으로 굳어져서 옳은 방향으로 함께 가자고 설득해도 안 되는 경우가 허다하다. 지속가능성을 위해 사회적 운동을 펼치는 경우에도 사정은 마찬가지다. 그래서 당장 동참해주기를 요구하진 못하더라도, 미처 생각지 못했던 사실을 일깨워주는 것이 큰 도움이 된다. 개개인의 생각이 모여 결국 큰 흐름을 형성하기 때문이다.

그런 이유로 상업 마케팅에서도 판매를 올리기 이전에 공공의 인식public awareness을 높이는 것 자체가 목표가 되기도 한다. 생각이 바뀌어야 비집고 들어갈 틈이 생기기 때문이다.

지속가능은 가능한가?

팔라우 서약 Palau Pledge

유엔의 지속가능발전목표SDGs 중 관련 항목

6. 물과 위생의 보장 및 지속가능한 관리Clean Water and Salvation
11. 안전하고 지속가능한 도시와 주거지 조성Sustainable Cities and Communities
13. 기후변화에 대한 영향 방지와 긴급조치Climate Action
14. 해양, 바다, 해양자원의 지속가능한 보존 노력Life Below Water

북위 7도 21분 38초, 동경 134도 28분 45초, 남태평양의 서부에 팔라우라는 섬이 있다. 2012년 유네스코 세계유산으로 등재되고 또 신혼여행지로 주목받으면서 알려지기 시작했다. 알고 보면 팔라우는 갖가지 바다생물이 살아 숨 쉬는 청정지역으로, 다이버들의 성지로 유명하다.

요즘 환경문제에서 많이 언급되는 키워드가 바로 '기후난민Climate Refugees'이다. 내란 또는 학살을 피해 조국을 떠나는 정치적 난민이 아니라, 환경파괴로 자기 나라를 버리고 타국을 떠도는 운명에 처한 사람들을 가리키는 말인데, 이런 기후난민이 발생할 가능성이 점점 커지고 있는 현실이다. 남태평양의 수많은 크고 작은 섬들이 지구 온난화로 조금씩 가라앉고 있는 데다가, 지역 환경파괴로 태풍과 같은 자연재해에 더욱 취약해지고 있다. 우리는 TV에서 작은 빙산 위에 위태

롭게 서 있는 북극곰을 보곤 한다. 그러나 우리가 보호해야 할 것은 북극곰만이 아니다. 이제 나라를 구해야 할 시점이다.

　팔라우도 그 가능성이 있는 나라 중 하나다. 해수면 상승을 비롯한 여러 악재가 존재한다. 가까운 인도네시아, 필리핀 등에서 플라스틱 쓰레기가 물살에 밀려와 팔라우를 오염시키고 있다. 관광객이 버리는 페트병, 종이, 캔, 유리병 등은 더 큰 골칫거리다. 팔라우는 섬나라인 데다 국토가 크지 않기에, 정부 입장에서 폐기물 처리는 가장 곤혹스러운 일 중의 하나이다. 한 해 팔라우를 찾는 관광객이 팔라우 전체 인구의 여덟 배를 넘기면서 쓰레기 처리 문제는 훨씬 심각해졌다. 그냥 방치한다면 섬 전체가 쓰레기가 될 것이기 때문이다. 그렇다고 국가 재정의 60퍼센트를 관광업이 차지하는 상황에서 관광객 수를 제어할 수도 없다. 팔라우는 관광업을 집중 육성해야 하지만, 동시에 쓰레기 범람을 각오해야 한다. 여기저기서 적신호가 오기 시작했다. 세계에서 유일하게 젤리피시 천국으로 알려졌던 팔라우였지만, 엘니뇨의 영향과 관광객의 무분별한 환경 훼손으로 최근 젤리피시가 모습을 감추었다. 그 아름답던 산호도 백화현상으로 하얗게 변질됐다. 산호가 병들면 바다 생태계가 바로 병들게 되고, 그 병든 생태계는 육지로 연결되어 인간에게도 영향을 미친다. 한마디로 자연을 벗 삼아, 상품 삼아 살아왔던 나라가 총체적 재앙을 맞고 있는 것이다.

팔라우에 입국하려면 자연을 훼손하지 않겠다는 서약에 서명해야 한다.

이에 팔라우 정부 및 환경단체에서는 몇 가지 자구노력을 기울여 관광객의 인식을 높이기 위한 솔루션을 개발했다. 가장 인상적인 것은 입국할 때 여권에 찍어주는 스탬프다. 그 스탬프는 자연을 훼손하지 않겠다고 서약하는 내용을 담고 있다. 주로 관광객인 입국자들은 내용을 읽은 후 스탬프에 서명해야 팔라우에 발을 디딜 수 있다. 외국에 도착했을 때 관광객이 처음 마주하는 곳이 이미그레이션이다. 그곳에서 팔라우의 첫인상으로 환경보호라는 콘셉트를 강렬하게 각인하는 전략이다. '팔라우 서약Palau Pledge'이라 불리는 이 스탬프는 가장 적은 비용으로 주의를 환기시킬 수 있는 환경보호 솔루션이다. 더욱이 이 프로젝트는 전 세계에서 가장 명망 있는 크리에이티브 축제인 칸 라이언즈에 2018년 처음 도입된 SDGs 부문에서 그랑프리를 차지하는 영광을 안았다. 칸 라이언즈에 SDGs라는 카테고리가 신설됐다는 사실 자체도 이 시대에 지속가능성을 위한 크리에이티브 솔루션이 얼마나 중요한 것인지를 웅변으로 보여주는 방증이라 하겠다.

난민 관련 프로젝트: 보이지 않는 사람들Invisible People, 난민국가The Refugee Nation

유엔의 지속가능발전목표SDGs 중 관련 항목

10. 국가 내, 국가 간의 불평등 해소Reduced Inequalities
16. 평화적, 포괄적 사회 증진, 모두가 접근 가능한 사법제도와
    포괄적 행정제도 확립Peace, Justice, and Strong Institution

최근 난민이 국제적 이슈가 되고 있다. 그들은 내전이나 정치적 박해를 피해 조국을 등진 사람들이기에 국적이 없다. 난민들을 인터뷰해보면 그들이 원하는 것은 경제적 도움이기도 하지만, 무엇보다 그들의 존재와 처지를 알아달라는 것임이 금세 드러난다. 영화 〈터미널〉에서 주인공 톰 행크스는 쿠데타로 인해 나라가 일시적으로 없어지는 바람에 미국 공항에 발이 묶인 신세가 된다. 동유럽 국민의 에피소드를 그린 영화이지만, 이런 일이 실제로도 일어날 가능성이 커졌다. 난민들은 임시캠프에서 생활하며 자신들의 운명이 어떻게 될지 모른 채 하루하루를 불안하게 살아간다.

난민의 존재를 알리기 위해 서울시립미술관에서 열린 '보이지 않는 사람들' 전시회

2018년 초 예멘 난민이 제주도에 들이닥쳤을 때 우리 정부는 무방비 상태였다. 예상했어야 하나 급작스럽게 터지는 바람에 적기에 대책을 내놓지 못했다. 이것이 지구촌의 현재 상황이다. 그러나 알고 보면 한국인도 난민생활을 겪었다. 임시정부를 이리저리 옮기며 쫓기는 생활을 했던 독립투사들도 난민이었던 셈이다.

유엔난민기구와 제일기획이 2014년에 개최한 '보이지 않는 사람들 Invisible People' 전시회는 난민의 존재를 알리기 위한 솔루션으로 기획되었다. 서울시립미술관에서 열린 이 전시회에서는 국내 거주 난민들과 저 멀리 아프리카 니제르에 있는 난민들과의 인터뷰를 통해 그들의 실상을 알리려 했다. 무엇보다 당시 갓 도입된 3D 프린팅 기술을 활용한 것이 대중의 인지도를 높이는 효과를 가져왔다. 난민의 모습을 3D 프린터를 사용해 작은 크기의 피규어로 제작한 것이다. 작

난민 출신 운동선수들이 모여 2016년 리우데자네이루 올림픽에 참가했다.

은 피규어들은 미술관 곳곳(비상구 표지판 위나 복도 한구석 등)에 숨어 있다. 관람객은 숨바꼭질을 하듯 그들을 찾아낸다. 지금까지 관심이 없어 그들을 보지 못했으니 이제 관심을 갖고 찾아보라는 의미였다. 피규어를 찾은 사람들은 스마트폰으로 스캔하면 연결되는 동영상을 통해 난민들 자신의 이야기를 듣게 되고, 그들에게 응원 메시지를 남길 수 있다. 이로써 관객 참여형 플랫폼이 완성된다.

난민을 주제로 한 또 하나의 프로젝트가 있었다. 2016년 브라질 리우데자네이루 하계 올림픽에 맞춰 실행된 '난민국가The Refugee Nation'라는 프로젝트다. 모든 운동선수의 꿈은 올림픽 무대에 오르는 일일 것이다. 그러나 자신의 의지와 상관없이 정치적 상황 때문에 난민이 된 운동선수들은 국적이 없어 출전할 기회조차 얻지 못하는 처지가 되었다. 이 프로젝트의 핵심은 난민 출신 운동선수들끼리 뭉쳐

지속가능은 가능한가?

난민국가를 만드는 것이었다. 나라를 상징하는 국가國歌와 국기는 음악과 디자인에 재능이 있는 난민들이 작곡하고 디자인했다. 이들은 올림픽 개막식에서 당당히 입장해 전 세계인의 눈길을 끌었다. 난민들의 이야기를 다룬 그 어느 다큐멘터리보다 인상 깊게 존재감을 알린 것이다. 전 세계인의 이목을 집중시키는 축제인 올림픽이라는 행사에 맞춰 기획된 이 프로젝트는 칸 라이언즈와 함께 세계 3대 크리에이티브 축제로 불리는 뉴욕 원쇼One Show에서 최고의 영예인 베스트 오브 쇼Best of Show에 선정됨으로써 다시 한 번 난민의 존재를 세계에 알리는 역할을 했다.

피어리스 걸Fearless Girl

유엔의 지속가능발전목표SDGs 중 관련 항목

5. 양성평등 달성과 모든 여성과 여아의 역량 강화Gender Equality

2017년 3월 7일 뉴욕 맨해튼 남쪽 월스트리트에 세계 여성의 날(3월 8일)을 기념하기 위해 작은 소녀상 하나가 세워졌다. 소녀는 두 손을 허리에 대고 맞은편에 있는 월가의 상징인 황소를 늠름하게 쳐다보고 있다. 투자자문회사 SSGAState Street Global Advisory가 주도한 이

세계 여성의 날을 기념해
월가에 세워진 '겁없는'
소녀상. 새로운 여성 리더
십을 강조한다.

프로젝트는 21세기인 지금도 기업이나 단체의 조직 운영이 남성의
파워로 주도되는 것에 반기를 든다. 한마디로 여성 리더십의 힘과 중
요성을 설파하는 것이다. 소녀의 발치에는 "여성 리더십의 힘을 믿어
라. 그녀가 차이를 만든다Know the power of woman in leadership. SHE makes a
difference"라고 적혀 있다. 작가 크리스틴 비스벌Kristen Visbal이 만든 이
동상은 이곳을 찾은 수많은 관광객의 눈길을 끌었으며, 기념 촬영
명소로 자리 잡았다. 공공 설치예술의 힘이 사회에 큰 영향을 미칠
수 있음을 보여준 사례이기도 하다.

지속가능은 가능한가?

여성의 날을 프로모션의 테마로 잡은 점, 남성성의 상징인 월가의 황소상 앞에 설치되었다는 점, 그리고 늘 사람들로 붐비는 장소를 택해 공공의 인식을 높이고자 한 점이 이 솔루션의 영리함이다. 이 프로젝트는 740만 달러 가치의 공짜 홍보 효과를 얻어냄으로써 여성의 리더십을 부각하려는 애초의 목적을 충분히 달성했다. 이 솔루션은 또한 세계 최고의 선진국인 미국이 직면한 여권 신장의 문제를 다루고 있기에, 저개발국에서 빈번히 발생하는 여성에 대한 폭력 및 종교적 성차별 등과는 다른 차원의 인권 문제를 제기한다고 볼 수 있다. 이래저래 여성 인권의 현주소는 다층적인 구조적 문제를 가지고 있는 것이다.

멸종동물을 구해주세요! Save our species

유엔의 지속가능발전목표SDGs 중 관련 항목

14. 해양, 바다, 해양자원의 지속가능한 보존 노력Life Below Water
15. 육지 생태계 보존과 삼림 보존, 사막화 방지, 생물다양성 유지Life On Land

불과 30년 후인 2050년이 되면 지구 전체 종 가운데 30퍼센트가

악어 대신 멸종위기 동물들이 새겨진 티셔츠를 제작한 라코스테

사라진다고 한다.* 원인 제공자는 물론 인간이다. 인간은 지구라는 행성에 세 들어 살고 있을 뿐인데, 주인 행세를 하며 모든 환경을 자신들에게 유리하게 변형하면서 환경 재앙을 불러일으키고 함께 사는 다른 생명체의 생존을 위협하고 있다. 악어 로고로 유명한 의류 브랜드 '라코스테'는 이 점에 착안하여 로고에 악어 대신 멸종위기 동물을 넣은 한시적 프로젝트를 기획했다. 한시적인 이유는 현재 남

---

* 마티유 리카드의 TED 강연, '이타주의로 세상을 사는 법How to let altruism be your guide' 중에서.

지속가능은 가능한가?

번호	멸종위기 동물	특징	생존 개체수
1	바키타돌고래	멕시코 서부 코르테스해에서만 서식하는 작은 돌고래	30
2	버마루프거북	미얀마에 서식하는 바다거북의 일종	40
3	북부족제비리머	마다가스카르섬 북부에 서식하는 소형 원숭이종	50
4	자바코뿔소	인도네시아 수마트라섬, 자바섬의 보호구역 내에 서식	67
5	동부검은볏긴팔원숭이	중국과 베트남의 국경에 사는 긴팔원숭이의 일종	150
6	카카포	뉴질랜드 토착종 앵무새	157
7	캘리포니아콘돌	사바나 초원에 서식하는 맹금류	231
8	사올라	베트남, 라오스에 사는 소과 포유류	250
9	수마트라호랑이	수마트라섬에만 서식하는 호랑이	350
10	애너가다섬 바위이구아나	카리브해 애너가다섬에만 분포하는 이구아나의 일종	450

아 있는 멸종위기 동물 10종의 수만큼 티셔츠를 찍어냈기 때문이다.

위의 표에서 보듯 바키타돌고래부터 바위이구아나까지 멸종위기 동물 10종의 개체수 총합은 1775인데, 이에 딱 맞게 티셔츠도 1775장을 제작했다. 티셔츠가 완판되는 순간 멸종 운명에 처한 동물을 위한 기금이 마련되는 형식이다. 놀랍게도 티셔츠는 24시간 만에 전부 판매가 되었고, 기부금은 4배가 늘었다. 국제자연보존연맹IUCN:

International Union for Conservation of Nature과 협업으로 이루어진 이 프로젝트를 통해, 멸종위기 동물에 대한 학습이 자연스레 이루어졌을 뿐 아니라 실제적인 모금에서도 큰 성과를 거두었다.

이처럼 지속가능성을 위한 인식 전환 솔루션은 대부분 광고회사의 아이디어를 중심으로 개발되고 있다. 사람들의 인식을 바꾸는 작업을 평생 해온 전문가들의 노하우가 적극 활용된 것이다. 인식을 바꾼다는 목표는 동일하되, 상업적 메시지를 각인시키려 하던 커뮤니케이션 활동이 지속가능성의 중요성을 각인시키는 방향으로도 활용되고 있다. 크리에이티비티를 생명으로 여기는 광고회사의 콘셉트를 다루는 힘이 지속가능성을 설파하는 크리에이티브 솔루션으로 재탄생하고 있다.

더 보면 좋은 자료

· Meet Graham
  https://www.youtube.com/watch?v=7FQpjCauL0w
· Blood Normal
  https://www.youtube.com/watch?v=lm8vCCBaeQw
· Like My Addiction
  https://www.youtube.com/watch?v=gp81af73keA

4. 공존하는 사회를 만들기 위한
인터랙티브 무브먼트
Change Behavior: Encouraging active participation to do good things

지속가능성을 위한 솔루션은 단지 사람들의 인식을 바꾸는 플랫폼에 머물지 않고, 그들의 참여를 이끌어내는 보다 더 적극적인 플랫폼을 제공한다. 인식의 변화를 통해 생각의 좌표가 올바로 잡혔더라도 경험해보지 않으면 실감할 수 없기 때문이다. NGO들이 인플루언서들에게 아프리카 등지의 사업장에 함께 가서 열악한 상황을 직접 체험하게 하는 것은 바로 그런 이유에서다. 사회적 가치를 높이는 일에 인플루언서들의 파급력이 훨씬 크기 때문이다. 뿐만 아니라 일반인들의 일상생활 속에서도 동참을 유도하는 플랫폼이 점점 많아지는 것도 '참여-체험-체화'의 과정을 겪으며 지속가능 사회에 대한 생각이 내재화되기 때문이다. 제도가 아무리 좋아도 결국 세상을 바꾸는 것은 사람이기에, 세상을 바꾸기 위해서는 사람을 바꾸는 일이 선행되어야 한다.

아이스버킷 챌린지Ice Bucket Challenge · 프로젝트 리보이스Project Revoice

유엔의 지속가능발전목표SDGs 중 관련 항목

3. 건강 보장과 모든 연령대 인구의 복지 증진Good Health and Well-being
17. SDGs의 이행수단 강화와 기업 및 의회, 국가 간의 글로벌 파트너십 활성화
Partnerships for the Goals

독창적인 방법으로 아이스버킷 챌린지에 참여한 빌 게이츠

2014년에 시작된 아이스버킷 챌린지는 이 분야의 가장 상징적인
솔루션으로 자리 잡았다. 우리에겐 '루게릭'으로 더 잘 알려진 '근위
축성 측색 경화증ALS'을 앓고 있는 환자들의 고통을 경험해보게 하

고, 나아가 그들을 위한 모금 활동을 벌이는 프로젝트다. 이 챌린지 프로젝트는 세 가지 측면에서 성공적인 결과를 얻었다.

첫째, 참여 방법이 독창적이었다. 큰 통에 얼음과 물을 채워 그걸 뒤집어쓰는 행위 자체가 신선하고 흥미진진한 퍼포먼스였기에, 좋은 의도를 살리면서 재밋거리도 제공했다. 둘째, 확산 방법이다. 페이스북을 통해 공개적으로 지명받은 사람은 임무를 수행한 후 페이스북 친구 세 명을 지명해야 하기에, 피라미드 구조처럼 뻗어나가는 확장성을 지녔다. 이 프로젝트가 인기를 끌면서 사람들이 은근히 자신이 지명되기를 바라는 상황이 전개되었다. 셋째, 마크 저커버그, 빌 게이츠 같은 엄청난 영향력이 있는 인플루언서들로부터 촉발되었다는 점이다. 빌 게이츠가 줄을 잡아당겨 양동이의 얼음물을 뒤집어쓰는 독창적인 방법을 선보인 이후, 많은 사람들이 나름의 퍼포먼스를 꾸미느라 한동안 페이스북은 아이스버킷 챌린지의 퍼포먼스 경연장이 되기도 했다. 유튜브에는 '가장 멋진 아이스버킷 챌린지The Best Ice Bucket Challenge'라는 영상이 게시되기도 했다. 아이스버킷 챌린지는 좋은 일에 동참하는 방식을 바꾼 획기적인 사례로 꼽힌다. 좋은 일이지만 지루하기만 했던 기존의 방식에서 벗어나, 사회공헌이라는 거창한 명분도 얼마든지 재미있을 수 있다는 인식을 심어주었기 때문이다.

2017년에는 또 하나의 획기적인 기획 '프로젝트 리보이스'가 실행

루게릭 환자에게 목소리를 재생해주는 프로젝트 리보이스

됐다. 아이스버킷 챌린지의 공동 창시자라고 할 수 있는 루게릭 환자 패트릭 퀸Patrick Quinn의 목소리를 찾아주는 프로젝트다. 루게릭병은 처음에는 팔다리 마비에서 시작해 점차 목소리와 시력을 앗아가고, 결국 죽음에 이르게 하는 무서운 병이다. 패트릭 퀸은 아이스버킷 챌린지 론칭 3년 뒤인 2017년에 목소리를 잃고 말았다. 그는 성대 울림에 의한 기계음에 의존해 자신의 의사를 전달하고 싶지 않았다. 그런데 목소리를 재생해내는 기술이 개발되어, 그의 이전 목소리의 보컬 코드를 따서 완벽한 문장을 발음하게 하는 기적이 일어났다. 패트릭 퀸은 친지들이 모인 자리에서 하고 싶은 말을 자판에 입력하면 그 내용이 자신의 목소리로 재생되는 것을 경험했다. 다시 한 번 환자들

지속가능은 가능한가?

에게 기쁜 소식을 전해주는 순간이었다.

못생긴 과일과 채소Inglorious Fruits and Vegetables

___

유엔의 지속가능발전목표SDGs 중 관련 항목

11. 안전하고 지속가능한 도시와 주거지 조성Sustainable Cities and Communities
12. 지속가능한 소비와 생산 방식 보장Responsible Consumption and Production

못생기거나 흠집이 있다는 이유로 폐기되는 과일과 채소가 유럽에서만 한 해 3억 톤
에 달한다.

　세계 어느 곳에서건 대형마트는 기본 먹을거리인 과일과 채소를
사려는 사람들로 늘 붐빈다. 그만큼 엄청난 양의 과일과 채소가 생
산, 유통되고 소비된다. 그러나 다른 한편으론 팔리지 않아 버려지는

과일과 채소 역시 엄청나다는 사실이 큰 문제로 제기되고 있다. 유럽에서는 한 해 3억 톤의 과일과 채소가 그냥 폐기된다고 한다. 그 이유가 황당하다. 영양이나 맛에는 아무 문제가 없는데, 단지 못생겼다는 이유로 소비자들에게 외면당한다는 것이다. 그런데 돌이켜보면 이것은 일상에서 흔히 겪는 일이다. 우리는 마트에서 과일이나 채소를 고를 때 늘 모양을 따진다. 조금이라도 형태가 이상하거나 흠집 있는 물건이 장바구니에 들어갈 확률은 거의 없다.

프랑스의 세 번째로 큰 슈퍼마켓 체인인 앵테르마르셰Intermarché는 이러한 소비자의 인식을 바꿔 어마어마한 양의 과일과 채소가 그냥 버려지는 일을 막아야 한다고 생각했다. 그래서 '2014 European Years against Food Waste' 연맹과 손잡고 캠페인을 펼쳤다. 이 캠페인에서는 못생긴 과일과 채소가 주인공이었다. 앵테르마르셰는 못생긴 과일과 채소만을 골라 마트의 중앙 매대에 진열했다. 매장 곳곳에는 못생긴 과일과 채소가 등장하는 포스터와 배너들을 배치했다. 사람들은 졸지에 주인공이 된 못생긴 과일과 채소를 이리저리 살펴보기 시작했다. 관심 밖에 있던 것들이 갑자기 관심 안으로 들어온 것이다.

이 크리에이티브 솔루션은 여기서 그치지 않는다. 매대 옆에 못생긴 과일과 채소로 만든 주스나 수프를 진열해 고객들에게 시식해보

지속가능은 가능한가?

게 했다. 식감이나 맛이 일반 과일 채소로 만든 것과 아무 차이가 없음을 알게 된 소비자들은 자연스럽게 못생긴 과일과 채소를 구매했다. 현장에서 인식을 바꾸고 행동의 변화까지 일궈낸 솔루션이다.

소셜 스와이프The Social Swipe

유엔의 지속가능발전목표SDGs 중 관련 항목

2. 기아 해소, 식량 안보와 지속가능한 농업 발전Zero Hunger
16. 평화적, 포괄적 사회 증진, 모두가 접근가능한 사법제도와 포괄적 행정제도 확립Peace, Justice, and Strong Institution

기부금 모금에도 크리에이티브한 아이디어가 필요하다.

　　NGO의 역할 가운데 가장 중요하면서도 어려운 일이 기부금을 모으는 것이다. 거리에서 기부함에 돈을 넣거나 정기 후원금을 내는 것이 우리가 보통 기부하는 방식이다. 그런데 이 같은 1.0 패러다임의 모금 방식은 더 이상 눈길을 끌지 못한다. 기부금 모금에도 크리에이티브한 아이디어가 필요하다. 근래 들어 소셜 미디어에서 간단한 앱을 통해 기부하는 방법도 많이 보이고 있다.

독일의 NGO인 '미제레오르Misereor'는 직관적으로 쉽게 기부하는 방법을 고안했다. 공항 대기실에 있는 커다란 스크린에 바게트빵 사진이 보인다. 스크린 중간에 홈이 나 있는데, 신용카드를 긁을 수 있도록 만든 장치다. 물건값을 치르듯 그 홈에 신용카드를 넣어 긁으면, 마치 칼을 쓴 것처럼 빵 한 조각이 잘라지면서 그 빵을 집는 사람의 손이 보인다. 자신의 기부가 어떤 식으로 활용될지 시각적으로 보여주는 참신한 방법이다. 같은 방식으로 끈으로 결박된 사람의 손이 보이는 화면에서 신용카드를 긁으면 그 끈이 풀려 손이 자유로워진다. 기부금이 인권을 위해 쓰인다는 것을 시각적 언어로 표현한 것이다. 신용카드를 한 번 긁을 때마다 2유로가 기부되는 이 프로젝트는 카드 대금 청구서를 받았을 때 정기기부에 대한 정보를 제공함으로써 2차 기부 활동으로 유도한다. 기부 방식도 신선하지만 이 프로젝트는 공항이라는 장소를 선택했다는 점에서도 참신하다. 예전부터 공항에는 모금함이 있어 주로 동전이나 여행에서 쓰고 남은 외국 돈 등을 넣곤 했다. 이미 기부 환경이 어느 정도 조성되어 있는 것이다. 이 프로젝트는 여행에 들뜬 기분으로 별 거부감 없이 돈을 쓰는 여행객의 심리를 적극 활용한 사례이다.

탄소발자국 · 탄소포인트제 · 올란드 인덱스 Åland Index:Baltic Sea Project

유엔의 지속가능발전목표SDGs 중 관련 항목

11. 안전하고 지속가능한 도시와 주거지 조성Sustainable Citiies and Communities
12. 지속가능한 소비와 생산 방식 보장Responsible Consumption and Production
13. 기후변화에 대한 영향 방지와 긴급조치Climate Action
14. 해양, 바다, 해양자원의 지속가능한 보존 노력Life Below Water

인간이 일상생활에서 하는 많은 활동이 이산화탄소를 배출한다. 우리가 흔히 먹는 식품에 첨가되고 비누를 만들 때도 들어가는 팜유는 기름야자나무의 열매로 만든다. 그런데 이 팜유를 얻기 위한 플랜테이션 농장을 개간하려고 울창한 열대림에 불을 지른다. 팜유의 최대 생산국인 인도네시아 수마트라섬에서 2015년에 열대림 방화로 발생한 이산화탄소의 양이 미국 전역에서 배출된 양보다 많았다. 전 세계인이 즐겨 먹는 햄버거도 이산화탄소 배출을 부추긴다. 햄버거에 들어가는 쇠고기 패티 때문이다. 미국 땅의 47퍼센트가 식량 생산에 쓰이는데, 이 중 소의 사료 공급을 위한 재배 면적이 전체의 70퍼센트로 가장 큰 비율을 차지한다. 그런데 소들이 식후 트림을 할 때 내뿜는 메탄가스의 분자 하나는 이산화탄소 분자 23개와 같다. 대기 중의 메탄가스는 대부분 가축들이 내뿜은 것이다. 이런 기준으로 환산해보면, 햄버거 하나가 만들어지는 과정에서 발생하는 이산화탄소의 양은 에어컨을 24시간 가동했을 때 배출되는 양과 맞먹는다고 한다.

이처럼 사람들이 일상적으로 구입하는 식품이나 물건, 서비스 등이 환경오염과 온실가스의 주범이 되고 있다는 사실을 환기시키기 위해 도입된 용어가 '탄소발자국Carbon Footprint'이다. 이 용어는 2006년 영국의회 산하 과학기술처에서 처음 사용되었는데, 사람이 걸을 때 발자국을 남기듯 사람들이 쓰는 상품의 생산 및 소비 과정에서 직간접적으로 이산화탄소가 배출된다는 뜻으로 만든 것이다. 탄소발자국은 사람들이 이해하기 쉽게 발생한 이산화탄소의 양을 킬로그램으로 표기하고, 그만큼의 이산화탄소를 없애려면 나무가 몇 그루나 필요한지 알려준다. 예를 들어 자동차에 휘발유를 월 40만 원어치 넣는다면 470킬로그램의 이산화탄소가 발생하는데, 이를 상쇄하려면 72그루의 소나무를 심어야 한다. 한 달 전기 사용량이 300킬로와트라면 140킬로그램의 이산화탄소가 발생하고 22그루의 소나무가 필요하다. 탄소발자국은 우리의 일상에서도 이산화탄소가 많이 배출된다는 사실과 함께, 생활 속 작은 실천으로 이산화탄소 배출량을 줄일 수 있음을 알기 쉽게 보여주는 좋은 도구다.

일상생활에서 이산화탄소를 줄이기 위한 솔루션은 우리나라에서도 실행되고 있다. '탄소포인트제'는 생활 속에서 온실가스 감축률에 따라 탄소포인트를 부여해 인센티브를 제공하는 프로그램이다. 탄소포인트제(https://cpoint.or.kr/)에 가입하면 과거 2년간 전기, 가스, 수도 월별 평균 사용량 대비 절약한 비율에 따라 1년 최대 7만 원까지 돌려받을 수 있다.

핀란드의 올란드은행Bank of Åland에서는 좀 더 쉽게 개개인의 탄소 배출량을 확인하고 행동의 변화를 유도하는 방법을 고안했다. 핀란드가 면해 있는 발트해의 오염이 나날이 심해지는 것을 보고만 있을 수 없었던 이들은 회계법인 KPMG 및 마스터카드와 손을 잡고 신용

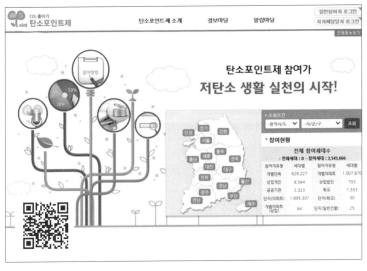

생활 속 이산화탄소를 줄이기 위한 솔루션인 탄소포인트제

카드를 발행해, 이 카드로 구입한 품목의 탄소 배출량을 알려주는 '올란드 지수$^{\text{Åland Index}}$'를 만들었다. 한마디로 나의 소비가 환경에 어떤 영향을 미치는지 한눈에 볼 수 있는 지표다. 카드 대금 청구서에는 소비 내역과 함께 그것으로 인해 배출된 탄소량, 즉 탄소발자국을 보여준다. 그리고 두 가지 옵션을 제안한다. 소비 방식을 바꿀 것인가? 그것이 불가능하다면 환경단체에 기부할 것인가? 이 올란드 지수는 환경오염에 대한 죄책감을 불러일으키고 그것을 책임감으로 유도하는 솔루션이다. 소비자들의 탄소 배출 데이터를 축적해 환경보호를 위한 장기 전략을 수립하는 데 참고할 수 있다는 것 또한 이 솔

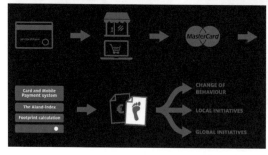

발트해 오염의 심각성을 알리기 위해 핀란드 올란드은행이 고안한 신용카드

지속가능은 가능한가?

루션의 장점이다. 무엇보다 소비를 더 유도해 이익을 남기는 것이 비즈니스 생태계인데, 오히려 불필요한 소비를 줄이는 솔루션을 개발한 것은 칭찬할 만한 일이다. 그 결과 지속가능성을 추구하는 기업 이미지를 소비자의 마음속에 새기게 되었음은 물론이다. 탄소발자국 캠페인은 눈에 보이지 않기에 무심코 지나칠 수 있는 탄소 배출의 메커니즘을 알기 쉬운 지표로 보여줌으로써, 자발적이고 손쉬운 방법으로 환경보호에 동참하도록 유도하는 영리한 솔루션이다.

이처럼 대중의 참여를 요구하는 솔루션은 직관적이고 쉬워야 한다. 복잡하고 어려워 보이면 사람들이 쉽게 동참하지 않는다. 또 한 가지, 재미있어야 한다. 흥미를 끌지 못하면 이 역시 사람들의 관심과 참여를 이끌어낼 수 없다. 앞서 언급한 아이스버킷 챌린지나 못생긴 과일과 채소 캠페인, 소셜 스와이프 액티베이션, 그리고 탄소발자국 플랫폼은 직관적이고 쉽고 재미있는 솔루션이었기에 많은 이들의 참여를 이끌어내고 인지도도 높일 수 있었다.

더 보면 좋은 자료

· Digital Death
  https://www.youtube.com/watch?v=ylmmkQWd22s
· Coop:The Organic Effect
  https://www.youtube.com/watch?v=M4bbZxOgKfY
· Boost your voice
  https://www.youtube.com/watch?v=l_9_t2uJYzQ

정리해보자. 마케팅 루트가 다양해지고 미디어 환경이 파편화되면서 사람들의 마음을 얻고 행동으로 유도하는 일이 예전보다 어려워졌다. 사람들의 미디어 리터러시와 디지털 리터러시가 높아짐에 따라 커뮤니케이션 플랫폼에 대한 이해도도 높아졌고, 그 결과 커뮤니케이션에 대한 반응이 훨씬 더 까다로워진 것이다. 아무리 사회를 위해 좋은 일에 동참해달라고 호소해도 너무 뻔한 방식이라면 주최자의 진정성을 의심하게 된다. '맨날 그 타령이네!' 하는 냉소적인 반응이 돌아오기 십상이다. 미디어를 통해 아프리카 아이들의 비참한 모습을 보여주며 동정심을 유발하는 영상을 '빈곤 포르노'라고까지 부르는 현상도 나타났다. 진정성보다는 모금에만 치우친 홍보성 활동을 비난하는 것이다.

그렇기에 지속가능성을 향한 크리에이티브 솔루션은 진정성에 기반을 두어야 하고, 직관적이어야 하며, 실질적이어야 한다. 다시 말해, 옳은 방향으로 사람들의 인식을 변화시키고 마음을 움직이기 위해 진정성이 필요하고, 옳은 일에 동참할 수 있도록 유도하기 위해 직관적이어야 한다. 한마디로 쉽고 흥미로운 방식으로 한 번에 행동을 유발해야 하는 것이다. 또한 맞닥뜨린 문제를 해결하기 위한 솔루션이어야 하기에 실질적이어야 한다. 적정기술을 활용한 플랫폼, 재미있으면서도 가치를 느낄 수 있는 참여형 플랫폼이 크리에이티브 솔루션의 추세가 되고 있는 것은 바로 이런 이유에서다.

Chapter 2.
Collective
Impact

사회적 가치 창출을
위한 연계 플랫폼

Collaboration Platform
for Creating Social Value

문나래
네이버 해피빈 리더

기자가 되고 싶어 신문방송학을 전공했지만, 첫 사회생활을 웹에이전시에서 시작하게 되어 온라인을 업으로 삼게 되었다. 대학 시절 캄보디아 빈민촌 봉사활동 경험을 통해 이 세상에는 '마땅히 알리고 도와야 할 가치'가 많다는 사실을 알게 되었다. 이를 계기로 국제구호 NGO에서 온라인을 통한 모금 및 콘텐츠마케팅 업무를 하고, 엔터테인먼트 CSR을 거치면서 다양한 공익프로젝트를 실행했다. 현재는 네이버 해피빈에서 기업과 셀러브리티의 사회적 가치가 플랫폼을 통해 확산될 수 있도록 공익프로젝트 제휴를 담당하고 있다.

·Intro. 온라인 플랫폼으로 연결하는 사회적 가치

　우리가 살아가는 이 시대에는 각자의 관심사를 디지털 플랫폼으로 공유하고, 플랫폼으로 연결된 관계 안에서 서로의 가치 혹은 관심사를 알 수 있다. 이러한 흐름 속에서 '가치'에 대한 메시지를 전달하는 것은 기업의 CSR이나 비영리단체의 옹호/모금 활동에서도 중요한 홍보전략이 되고 있다. 사회공헌의 기본적인 사업구조 자체가 도움이 필요한 주체와 도움을 주고자 하는 주체를 서로 연결하는 일에서 시작되기에, 그 안에는 삶의 작은 변화부터 생명을 살리게 된 일 등 다양한 스토리가 녹아 있다. 기업이나 비영리단체의 사회공헌 담당자라면 다양한 수혜자들의 이야기를 접하는 기회가 상당히 많을 것이다. 치료비가 없어 수술을 받지 못하는 국내 아동의 이야기부터 하루에 한 끼도 제대로 먹지 못하는 지구 반대편 어린아이의 사연을 접하며, 한 번쯤은 내 주머니를 열어서라도 당장 돕고 싶은 생각을 해봤으리라 짐작한다. 마음을 움직이는 콘텐츠에는 설득의 힘이 있고, 기부나 봉사 등 다양한 참여를 이끌어내는 강력한 힘이 있다. 하지만 이러한 콘텐츠를 발굴하고 알리는 일이 결코 쉽지만은 않다.

　이러한 사업이 가능하려면 기업과 비영리단체의 건강한 파트너십이 필수다. 각자에게 주어진 역할 안에서 다양한 아이디어를 나누고 사업을 발전시켜 나가지만, 정작 기업의 사업 성과가 잘 드러나지 않거나, 홍보 기회가 적다고 느끼는 담당자가 꽤 많을 것이다. 이제는 일대일 파트너십 구조를 벗어나, 공익단체와 기업을 연결하고, 콘텐츠를 모아주는 플랫폼 파트너십이 필요한 시대다. 파트너십을 위해서는 각 분야의 전문성을 효율적으로 활용하는 것이 가장 중요하다. 이렇게 공동의 목표를 향해 각자의 '업'을 연결하고, 유기적 파트너십 안에서 협력 방법을 모색하는 새로운 접근법을 '컬렉티브 임팩트 Collective Impact:집단적 임팩트'라고 한다. 각자가 가장 잘할 수 있는 CSR의 컬래버레이션으로 열린 사회공헌이 가능할 것이다.

하지만 기업의 사회공헌 전담 부서들은 대부분 상위 부서가 홍보나 커뮤니케이션 부서이기에, 사회공헌 업무 역시 타 기업과의 경쟁 구도에서 벗어나기가 쉽지 않다. 아직까지 기업의 사회공헌은 일차적인 복지사업(사회공헌 방향에 맞는 공익단체를 찾아 사업을 진행하는 일)을 수행하기에도 버거운 상황이다. 플랫폼 파트너십을 통한 컬래버레이션으로 콘텐츠를 창출하는 확장적 사고를 갖기에는 더욱 여력이 없기 때문에, 전문성을 띤 플랫폼 파트너십의 중요성이 한층 더 커진다. 물론 모든 사회공헌 사업이 반드시 콘텐츠로 만들어져야 하는 것은 아니다. 다만 앞서 잠깐 언급했던 각자의 업을 모아 임팩트를 창출하기 위한 사업이 콘텐츠로 만들어지고, 플랫폼을 통해 공유되는 것은 꽤 매력적인 일이다. 따라서 색다른 시각을 가지고 콘텐츠를 활용한 사회공헌 활동을 모색할 필요가 있다. 실무자인 내가 경험했던 이야기가 콘텐츠로 만들어지고 대중의 반응을 온라인으로 경험하는 것은 상당히 흥미로운 일일 것이다.

또한 대중의 반응을 가장 빠르게 확인할 수 있는 분야인 엔터테인먼트 산업과 셀러브리티의 사회공헌 활동은 그 파급력이 상당히 크다. 엔터테인먼트 회사의 시선에서는 소속 아티스트가 곧 콘텐츠이자 사회공헌 활동을 이끌 수 있는 좋은 파트너다. 따라서 소속 아티스트의 공익 관심사를 발굴하여 참여 기회를 제공해주는 것이 무엇보다 중요하다. 일반 기업에 비해 엔터테인먼트 회사는 사회공헌 전담 인력을 두지 않는 경우가 많기 때문에, 더더욱 공익 파트너십이 그 대안이 될 수 있다.

예를 들어 네이버의 공익 서비스인 '해피빈Happybean'은 기부자와 자선단체를 연결해주는 역할을 하고 있다. 네티즌뿐 아니라 기업도 참여할 수 있다. 기업 사회공헌의 특성에 맞춰 기업 서비스를 제공하고 있으며, 셀러브리티의 공익 관심사를 사업과 연결해 팬들도 함께 공감하고 참여할 수 있도록 '스타와 굿액션'이라는 캠페인을 진행하기도 했다.

얼마 전 홍콩의 톱스타 주윤발이 전 재산인 56억 홍콩 달러(한화

약 8100억 원)를 기부하겠다고 밝혀 전 세계인을 놀라게 했다. 그는 평소에도 대중교통을 이용하고, 시민들과 스스럼없이 사진을 찍는 등 소탈한 행보를 보여 많은 팬들의 사랑을 받아왔다. 그는 이번 전 재산 기부에 대해 "그 돈은 내 것이 아니고 내가 잠시 보관하고 있을 뿐"이라고 말했다. 포털사이트에서 '주윤발'을 검색하면 '주윤발 기부'가 연관 검색어로 나오고, 그에 따른 다양한 콘텐츠를 확인할 수 있다. 기부나 나눔 관련 콘텐츠는 다소 지루하거나 재미 요소가 떨어질 수 있는데, 셀러브리티가 나선다면 기부에 대해 언급하는 것만으로도 흥미로운 콘텐츠가 될 수 있다. 한국에서는 가수 션이 건강한 사회적 가치를 창출하는 다양한 기부 프로젝트를 리드하고 있다.

이 글에서는 공익 콘텐츠 혹은 플랫폼의 이론이나 기법을 설명하려는 건 아니다. 공동의 목표를 가진 조직들이 온라인 연대를 통해 사회적 가치를 창출한 다양한 사례를 살펴봄으로써, 필자와 같은 고민을 하는 기업, 비영리단체, 엔터테인먼트 산업의 실무자들에게 조금이나마 도움이 되고자 한다. 이 글을 읽고 '이 정도라면 우리도 할 수 있겠다!'라는 생각이 든다면, 그것만으로도 충분하다.

1. 공익 컬래버레이션의 출발점은 '건강한 파트너십'

기업의 사회공헌 활동은 비영리단체와의 파트너십에서 시작한다. 좋은 일을 위해 함께 고민하고 다양한 프로그램을 접목하며, 각자에게 부여된 목표를 달성하기 위해 부단히 노력한다. 하지만 이제 막 사회공헌을 시작하는 기업 실무자나 신규 사업 목표 과제가 주어진 경우, 적합한 비영리단체를 찾아야 하는데 어디서 어떻게 찾아야 할지 막막한 순간이 있을 것이다. 비영리단체 역시 다양한 기업에 사업을 제안하고 싶어도 연결 접점이 없어 난감한 경우가 있으리라 짐작된다. 자, 이제 그런 고민들을 짊어지고 컬래버레이션을 위한 네트워크 안으로 들어가 보는 건 어떨까?

온라인 공익 유통 플랫폼, 해피빈

클릭 한 번으로, 혹은 응원 댓글만으로 기부가 된다면? 네이버의 공익 서비스인 해피빈은 국내 최대 온라인 기부 플랫폼이다. 이용자가 캠페인에 댓글을 달거나 콘텐츠를 클릭하면 '콩'이라는 아이템을 받을 수 있는데, 이 콩을 기부하는 방식이다. 물론 직접 결제를 통한 기부도 가능하다. 해피빈 홈페이지(www.happybean.naver.com)에 들어가면 다양한 모금함을 볼 수 있는데, 그중 관심이 가는 주제의 모금함을 선택해 기부할 수 있다. 각 모금함에는 도움이 필요한 사연과 기부금 사용 계획이 소개되어 있다. 이러한 활동의 근간은 해피빈이 비영리단체에 제공하는 모금형 블로그인 '해피로그'인데, 이미 3000여 개가 넘는 비영리단체가 해피로그로 활동하고 있다. 뿐만 아니라 사회 변화를 위한 소셜벤처와 사회적 기업의 제품을 소개하고 유통하는 '펀딩'과 '공감 가게' 서비스를 통해 임팩트 중심형 공익 서비스를 제공하고 있다. 네이버 예약 시스템을 활용한 자원봉사 및 공익 체험 서비스인 '가볼까'는 사회적 활동에 참여하고 싶은 사람이면

기부, 펀딩, 자원봉사 등의 사회공헌 서비스를 연결해주는 네이버 해피빈 ©해피빈

지속가능은 가능한가?

누구나 쉽고 간단하게 이용할 수 있다.

기업의 사회공헌을 한곳으로 모아주는 플랫폼이 있다면?

앞서 소개한 네이버 해피빈 플랫폼에는 공익활동을 하는 다양한 주체들이 참여하고 있다. 기업을 대상으로 하는 서비스도 매우 다양하다. 해피빈은 기업의 사회공헌 활동이 온라인에서 더욱 확대될 수 있도록, 온라인 CSR 통합 솔루션인 '굿컴퍼니클럽' 서비스를 제공하고 있다. 굿컴퍼니클럽은 해피빈의 기업파트너십 브랜드인데, 해피빈 서비스를 통해 온라인으로 기업과 공익단체의 다양한 사업을 연결하고 홍보를 지원한다. 기금을 유통하고 홍보하는, 국내 유일의 온라인 사회공헌 서비스이다. 해피빈 등록단체들은 온라인에서 유기적인 협업을 통해, 새로운 공익사업을 발굴하는 것에서부터 투명한 기부금 관리, 다양한 주체와 컬래버레이션을 할 수 있는 기회를 제공받을 수 있다. 이것이 해피빈이 제공하는 공익 네트워크의 기초이자 핵심이다.

기업의 사회공헌은 크게 기업 기부금과 임직원 기부금으로 구성된다. 특히 임직원의 급여공제, 끝전기부 방식으로 쌓인 기부금은 더욱 투명하고 가치 있는 사업에 쓰일 때 의미가 있을 것이다. 해피빈의 더블기부는 임직원의 급여나눔을 투명하고 효과적으로 배분할 수 있

해피빈 기업 얼라이언스 '굿컴퍼니클럽' 제휴 시 제공되는 기업 사회공헌 브랜드 페이지
ⓒ해피빈

는 기부 툴이다. 참여 방법은 간단하다. 기업의 사회공헌 주제에 걸맞은 모금함을 해피빈을 통해 추천받는다. 그 모금함의 목표 금액에 따라 네티즌이 기부하면 그 금액만큼 기업이 매칭 기부하는 것이다. 물론 여기에 임직원의 감동적인 사연까지 더해진다면 홍보는 덤으로 가져갈 수 있다. 대다수의 기업 사회공헌 담당자들은 기업의 사회적 책임에 무게를 둔 톱다운top-down 방식이 아닌, 직원 스스로 참여하는 버텀업bottom-up 방식의 사내 기부문화를 조성하기 위해 고민할 것이다. 온라인 기부는 자발적 참여와 공감에 의해 이루어지는 것이므로, 이러한 오픈형 배분 방식을 도입하고 임직원들에게 공유할 수 있다면, 내가 낸 기부금이 어떻게 사용되고 어떠한 사업에 지원되는지 염려할 필요가 없을 것이다.

지속가능은 가능한가?

오픈형 배분 서비스인 더블기부는 네티즌과 기업의 참여로 완성된다. ⓒ 해피빈

소통과 공감으로 만들어가는 참여형 CSR

많은 기업에서는 예산 규모와 사회공헌 방향에 따라 공모사업을 실행한다. 기업은 자사 홈페이지 및 배분기관과 연계하여 사회공헌 예산과 지원 테마를 공지하고, 비영리단체는 예산 규모와 사업의 필요성을 설득하는 사업계획서를 제출하는 방식이다. 해피빈이 제공하는 공모 서비스를 통하면 앞서 말한 3000여 개 단체의 활동성과 온라인 인프라를 기반으로 모집, 홍보, 배분을 한 번에 해결할 수 있다. 뿐만 아니라 플랫폼으로 연결되어 있기에 상대적으로 기업의 혜택을 받기 어

려운 중소 규모의 공익단체(지역아동센터 등)도 지원을 받을 수 있으며, 기업 역시 다양한 지원사업의 기회를 얻을 수 있다.

   2018년 상반기에 해피빈이 기업 파트너들을 대상으로 실시한 설문조사에 따르면, 기업 담당자들의 가장 큰 고민은 커뮤니케이션과 임직원의 참여에 관한 것이었다. 대부분의 기업이 내부 인트라넷을 통한 기부 시스템을 갖추고 있지 않고, 임직원에게 기부에 대한 동기 부여를 할 수 있는 콘텐츠가 부족한 것도 중요한 요인일 것이다. 이러한 현상을 극복하기 위해 사회공헌 전용 사이트를 만들려는 노력도 있으나, 대부분 대중의 관심을 끌기에는 한계가 있고 사이트를 유지, 보수하기도 어려운 현실이다. 이러한 상황에서, 사회공헌 활동을 지속하고자 하는 기업에게 온라인 플랫폼 해피빈이 제공하는 CSR 파트너십은 아주 좋은 대안이 될 수 있다.

지속가능은 가능한가?

2. 사회공헌 현장의 모든 이야기는
콘텐츠가 될 수 있다

더 나은 세상을 위해 노력하는 기업들의 CSR 활동은 아름다운 사연을 많이 만들어낸다. 기업이나 비영리단체의 활동이 지구 반대편에 사는 한 아이의 생명을 살리게 되었다는 이야기, 배움의 기회를 얻지 못했던 아이가 학교에 다니며 꿈을 키우게 되었다는 이야기 등 감동적인 사연을 접할 때마다 CSR 담당자는 뿌듯함과 보람을 느낄 것이다.

한국SR전략연구소인 코스리KOSRI에서는 2012년부터 매년 '대한민국 CSR 필름 페스티벌'을 개최하고 있다. 사회적 가치를 영상 콘텐츠로 공유하고 즐기는 축제의 장이다. 기업 부문(일반·외국계·금융·공공기관)과 일반 부문(개인·비영리단체·사회적 기업 등)으로 나누어, 더 나은 사회를 만들기 위해 노력하는 모두의 스토리를 영상으로 즐기자는 취지다. CSR 사업을 영상으로 만들 계획이 있는 실무자라면 한 번 출품해보는 것을 추천한다. 실무자가 공감하는 공익 콘텐츠를 우리 기업의 CSR 사업으로 확장하는 데 도움이 될 것이고, 이로써 '업'을 통한 공익 시너지를 창출하는 데도 효과가 있으리라 생각한다.

비영리단체의 공익 콘텐츠, 기업 사회공헌의 시작점이 될 수 있다

비영리단체의 소셜 미디어 홈페이지에는 다양한 공익사업을 소개하면서 후원을 요청하는 캠페인들이 올라와 있다. 실제로 도움이 절실한 사람들의 스토리가 담겨서인지 콘텐츠를 보고 있노라면 당장이라도 기부 클릭을 누르고 싶을 때가 많다. 이러한 비영리단체의 다양한 콘텐츠는 기업 사회공헌 담당자에게 새로운 사업 혹은 파트너십으로 확장할 수 있는 좋은 연결고리가 될 수 있다.

한 가지 예로, 3월 22일은 유엔이 정한 '세계 물의 날'이다. 식수 지원 사업에 관련된 기업과 비영리단체는 이날에 맞춰 다양한 캠페인을 진행하고 있다. 일정 기간 동안 생수를 구입하면 소정의 금액이 기부되는 방식도 있고, 실제로 저개발국에서 사용되는 물통을 야외광장에서 들어보는 체험을 해보는 캠페인도 있다.

2015년에 진행된 국제구호단체 기아대책의 식수 지원 캠페인 '1리터의 생명'은 영상 콘텐츠를 통해 모금과 홍보를 동시에 이루어낸 성공적인 사례다. 캠페인의 핵심을 영상 콘텐츠로 설정했는데, 메시지는 단순하다. 대한민국 청년과 캄보디아 소녀의 일상을 영상으로 보여주면서, 그들의 일상에서 다른 점은 안전한 물과 안전하지 않은 물 한 잔이라는 메시지를 전달했다. 기아대책은 이 영상을 유튜브와 페

지속가능은 가능한가?

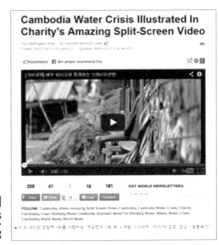

식수 지원 캠페인을 위해 제작한 영상 속 소품이
가방 브랜드의 CSR 사업으로 확장되었다. ©기아대책

이스북 등에도 올려 소셜 미디어 캠페인을 동시에 진행했고, 온라인
모금의 특성에 맞게 소액기부(1리터에 1000원) 참여를 유도했다. 특히

미국의 인터넷 미디어인 〈허핑턴포스트〉에 유튜브 동영상이 소개*
되면서 100만 회가 넘는 조회 수를 기록했다. 그 덕분에 국내뿐만 아
니라 해외 이용자들에게도 캠페인 메시지를 전달할 수 있었다.

뜻밖의 성과도 있었다. 영상에서 대한민국 청년이 가방을 메고 있
는데, 이 영상을 본 해당 가방 브랜드의 마케팅 담당자가 기아대책에
기업 CSR 사업으로 연계하자는 제안을 해온 것이다. 아무리 콘텐츠
를 잘 만들었다 해도 온라인 플랫폼으로 공유되지 않더라면 그렇
게 많은 사람들에게 알리지 못했을 것이다. 기업을 찾아다니며 제안
하고 설득하는 평범한 방식을 택했을 텐데, 영상 공유로 좋은 결과
를 만들어낸 것이다. 이제, 기업의 사회공헌 담당자라면 비영리단체
의 다양한 콘텐츠를 눈여겨보자. 어쩌면 우리 기업의 사회공헌 사업
으로 연결할 만한 좋은 포인트를 찾을 수 있을 것이다.

플랫폼이 연결하는 참여의 경험

———

기업 사회공헌 활동을 위한 다양한 커뮤니티가 있다. 사회적 가치
를 위해 서로 정보를 교류하고, 인적 네트워크를 형성하기도 한다. 그

---

* 〈허핑턴포스트〉는 동영상과 함께 다음과 같은 기사를 실었다. "캄보디아의 식수 위기는 대단히 복잡
하고 난해한 문제로 보일 수도 있는데, 국제구호단체에서 제작한 이 동영상을 보고 나면 깨끗한 식수
의 절대적 필요성을 이해하는 데 단 1분밖에 걸리지 않는다."

만큼 다양한 주체들과의 협업이 필요하기 때문이다. 기업 사회공헌 활동의 온라인 공익 파트너인 네이버 해피빈은 기업 얼라이언스인 '굿컴퍼니클럽'에서 활동하는 기업의 담당자를 초청하여 연말맞이 연합 봉사활동을 진행했다. 연탄 봉사는 겨울철 봉사활동의 꽃이라 불리는 만큼 많은 기업과 셀러브리티들이 연례 행사처럼 참여하고 있다. 어려운 이웃들에게 꼭 필요한 활동임은 분명하지만, 오랜 세월 동안 똑같이 진행되다 보니 참신함이 다소 떨어지는 것도 사실이다. 이에 해피빈은 기업 사회공헌 담당자들의 연대감을 높이는 것에 주력했고, 사내 임직원들을 대상으로 자원봉사를 기획·실행하는 사회공헌 담당자들이 '참여자'로서의 역할을 해볼 수 있도록 기회를 제공했다.

기부테이너(기부+엔터테이너)로 유명한 가수 션이 진행하는 '대한민국 온도 1도 올리기' 기부 프로젝트는 해피빈이 제공하는 '연결'의 힘을 보여준다. 이 행사의 콘셉트는 '기업 CSR 실무자와 기부테이너 션이 함께하는 봉사활동'이었다. 보통 셀러브리티와 기업의 만남은 임직원을 대상으로 하는 '기부 강연'이나 공익단체의 홍보대사를 섭외하는 '행사 초청'인 경우가 많다. 그런데 해피빈이 제공하는 '굿컴퍼니클럽'의 파트너가 되면 다양한 주체와 컬래버레이션을 할 수 있는 기회를 갖게 된다. 현장 스토리를 담은 '기업과 굿액션'이라는 영상도 제작해 단순한 자원봉사 이상의 가치를 전달한다. 기업 담당자

기업 실무자의 현장 인터뷰와 이미지로도 좋은 콘텐츠를 만들 수 있다. ⓒ 해피빈

들에게는 내부 활동에 대한 피드백으로 활용하도록 제공함과 동시에 네티즌에게 기업의 착한 활동을 홍보하고 응원을 받는 효과도 거둘 수 있다. 해피빈이 제공하는 사회공헌 파트너십은 국내에서 유일하게 배분과 홍보가 동시에 이루어지는 장점이 있어, 해피빈을 통해 기업 사회공헌을 진행한다면 콘텐츠를 통한 홍보로 이어지는 선순

환을 경험할 수 있다.

자원봉사는 기업 사회공헌의 꽃이라고 불릴 만큼 임직원들의 참여가 절대적으로 필요한 영역이다. 해피빈의 사례에서도 알 수 있듯이, 자원봉사 현장의 살아 있는 스토리를 발굴해 간단하게라도 콘텐츠화한다면, 임직원들에게 동기부여가 되고 지속적인 참여를 이끌어내는 좋은 툴이 될 수 있다.

딱딱한 사업 결과 보고서도 읽을거리가 있는 콘텐츠로

대부분의 비영리단체에서는 프로젝트가 종료되면 그 결과를 담은 보고서를 작성한다. 이 보고서는 기업과 지속적인 사업 파트너십을 맺기 위한 중요한 자료로 활용된다. 기업 또한 해마다 실행한 CSR에 대해 연차보고서를 작성해 자사 홈페이지에 공개한다. 보고서는 보통 사업 기획 및 실행 단계에서 수집한 정보들과 생생한 이미지, 감동적인 스토리 등으로 구성된다. 이런 결과물이 그저 사내 문서로만 끝나기에는 아쉬운 점이 많다. 그렇다면 보고서를 영상이나 카드뉴스처럼 누구나 쉽게 공유할 수 있는 콘텐츠로 만들어보면 어떨까? 고객과의 소통이 중요한 B2C 기업이라면 공익 콘텐츠가 좋은 홍보 수단이 될 것이다. 기업 CSR의 주요 활동을 담은 콘텐츠는 언론, SNS 같은 미디어를 이용해 공유할 수 있고, 금융권의 경우 전국 각지에 있는 지점을 통해 알릴 수 있다. 이는 브랜드에 대한 고객의 신뢰를 더욱 높이는 방법이 될 것이다.

3. 셀러브리티와 팬덤의 기부문화가 엔터테인먼트 CSR을 리드한다

    국내 엔터테인먼트 회사에서 CSR 전담부서나 재단을 두고 있는 경우는 극소수다. 대부분은 홍보, 마케팅 부서, 혹은 팬십을 관리하는 부서에서 소속 아티스트의 공익활동을 돕고 있다. 엔터테인먼트 산업은 회사 차원에서 사회적 책임 활동을 지원하는 시스템이 미비하기에 대안적 파트너십이 더욱 필요하다. 국내 기업의 사회공헌 전담 부서에서는 임직원과 셀러브리티가 참여하는 자원봉사를 기획한다거나, 셀러브리티가 비영리단체의 홍보대사로 활동하며 재능기부로 캠페인 영상에 참여할 수 있도록 연계하고 있다. 몇 년 전부터 나눔 방송을 통해서도 셀러브리티들의 공익활동 참여를 확인할 수 있다.

    단순히 '좋은 일'이라는 이유로 참여를 설득하는 것은 쉽지 않다. 앞서 언급한 것처럼 셀러브리티의 공익활동 참여를 의무화하기는 어려울 것이다. 따라서 지속적으로 셀러브리티의 공익 관심 분야를 발굴하고 재능기부 같은 작은 활동으로 참여하는 기회를 연결해줄 필요가 있다. 하지만 전담부서가 없는 대부분의 엔터테인먼트 회사 담당자라면 어떻게 공익사업을 찾고 팬덤의 참여를 확장할지 고민될 것이다. 그들에게 해피빈 같은 대안적 파트너십과 함께 사업을 만들어볼 것을 추천한다. 팬덤의 가장 큰 요소인 '자발성'과 '참여'를 기반으로 셀러브리티의 공익활동이 더해진다면 그 자체가 엔터테인먼트 CSR의 히스토리가 될 수 있다.

엔터테인먼트 CSR의 첫 번째 파트너, 팬덤

요즘의 팬덤 문화를 살펴보면, 자신이 좋아하는 스타의 생일이나 데뷔일 등을 기념하는 '팬클럽 조공문화'가 형성되고 있음을 알 수 있다. 지하철이나 옥외광고판에 축하 메시지를 전하거나, 촬영 현장에 도시락차를 보내는 등 다양한 방법으로 지지와 응원을 보내고 있다. 여기에 기부문화가 더해져 팬들이 자발적으로 기부금을 모아 셀러브리티의 이름으로 기부를 하거나 셀러브리티가 착용한 사회적 기업의 굿즈를 구매하는 모습도 보인다.

국내 유명 아이돌 그룹인 뉴이스트NU'EST는 2019년 데뷔 7주년을 기념해 '뉴이스트 콩 저금통'을 만들어 팬들과 함께 난청 어린이 의료 지원 및 장애청소년 오케스트라를 위한 기부 프로젝트를 진행했다. 오픈한 지 30분도 되지 않아 참여자는 놀라운 속도로 늘었고 지지와 응원의 댓글도 넘쳐났다. 이처럼 10~20대의 기부문화는 팬덤을 통해 이루어지고 있다고 해도 과언이 아니다.

엔터테인먼트 산업 분야에서 공익활동을 고민하고 있다면, 팬들의 기부 활동을 잘 살펴보자. 어쩌면 회사보다 앞서 셀러브리티의 공익활동을 직간접적으로 돕고 있을 것이다. 이렇게 멋지고 든든한 후원자 그룹, 그리고 영향력 강한 콘텐츠인 셀러브리티를 좀 더 적극적으로 활용해보면 어떨까?

셀러브리티의 굿액션을 리드하는 공익 파트너

앞서 언급했듯이, 엔터테인먼트 회사는 산업의 특성상 CSR 전담 인력을 갖추기가 쉽지 않다. 회사 대표가 특별히 사회공헌에 의지가 있다면 모르겠지만 그런 경우는 소수에 불과하다. 일반 기업의 사회공헌은 임직원들의 참여가 중요한 데 비해, 엔터테인먼트는 임직원뿐만 아니라 셀러브리티, 팬덤까지 다양한 주체들의 참여가 동시에 이루어져야 한다. 그만큼 어려운 과제일 수밖에 없고, 그렇기에 더더욱 전문성을 갖춘 공익 파트너십을 찾아야 한다. 회사 차원의 사회공헌 활동이 부담스럽다면, 소속 셀러브리티의 공익활동부터 시작해보는 것이 좋다.

해피빈은 콘셉트에 맞는 비영리단체를 추천해주고 '스타와 굿액션'이라는 캠페인으로 팬덤의 참여를 연결하고 있다. 뿐만 아니라 네이버에서 제공하는 스타의 실시간 개인방송 앱인 V라이브를 연계해 클릭만으로도 기부가 되는 경험을 제공해주니, 이보다 더 똑똑한 파트너가 있을까?

컬렉티브 임팩트의 무한 가능성, 재능기부

분야는 서로 다르지만 가치 있는 일을 위한 공동 목표를 향해 나아갈 때, 선한 영향력은 최고의 시너지를 낸다. 패션 브랜드 '비욘드 클로젯Beyond Closet'의 고태용 디자이너와 아이돌 그룹 빅스VIXX의 리더 엔(차학연)은 사회적 가치를 담은 굿즈를 제작해, 해피빈을 통해 펀딩을 진행했다. 문화예술 분야에 몸담고 있다는 공통점을 바탕 삼아 두 사람은 재능기부로 가방과 파우치 등의 굿즈를 제작했다. 두 사람의 컬래버레이션은 1차 펀딩이 40분 만에 제품 완판, 2차 펀딩은 2분 만에 완판이라는 놀라운 성과를 보여주었다. 펀딩 금액은 전액 발달장애 아동 지원과 아동학대 피해 예방사업에 기부되었다.

이 프로젝트는 각자의 '업'을 활용한 재능기부로 최상의 시너지를 낸 컬렉티브 임팩트의 좋은 사례다. 기부가 익숙지 않은 10~20대 팬들에게 기부에 대한 긍정적인 인식을 심어주고 가치 있는 소비라는 뜻 깊은 경험을 선사해주었다고 볼 수 있다. 재능이 많은 아이돌 그

셀러브리티의 재능기부는 팬덤의 기부문화를 형성하는 데 긍정적인 영향을 미친다.
©해피빈

룸 멤버라면, 미술이나 운동 등의 관심 분야를 공익활동과 매칭해 즐겁게 재능기부에 동참할 수 있도록 회사 차원에서 지속적인 기회를 마련하면 좋을 것이다.

업을 연결하는 사회공헌, 플랫폼을 적극 활용하라

온라인 공익 서비스와 엔터테인먼트 회사의 파트너십은 소속 셀러브리티들의 릴레이 공익활동을 자연스럽게 독려하는 효과가 있다. 일회성이 아닌 지속적인 참여를 통해 온라인 소통을 이어갈 때, 대중은 그 회사를 더욱 신뢰하게 될 뿐만 아니라 셀러브리티들의 공익

활동을 지지하고 사회적 활동에 대한 생각을 나눌 수 있게 된다. 참신하고 재미있고 의미 있는 CSR 활동을 고민하는 실무자라면, 컬래버레이션을 연결해주는 플랫폼으로 색다른 접근을 해보기를 권한다. 재능과 '업'을 연결해주고 대중들과 소통할 수 있게 해주는 건강한 파트너십을 만날 때, 함께 성장할 뿐만 아니라 좀 더 나은 세상을 만들 수 있을 것이다.

Chapter 3.
Brand
+Social Value

브랜드 핵심 가치의
사회적 가치로의 확장

Extension of Brand's Core Value
to Social Value

이상진
하나투어문화재단 디렉터

디자인을 전공했다. 졸업을 앞두고 훌쩍 배낭여행을 떠났다가 '여행'에 꽂혀, 생전 처음 들어
본 여행사의 디자이너로 직장인의 삶을 시작했다. 그 후 오랜 날 브랜드 커뮤니케이션 팀장을
역임했다. 2010년부터 업계 최초로 CSR팀을 꾸려 새로운 길로 들어섰고, 지금은 업계 최초
의 문화재단을 설립하여 운영 중이다. 직장이 아닌 직업이 중요한 시대에 한 직장에서 다양한
직업으로 일하며 계속해서 진화하고 있다. 이전의 경험들을 통해 CSR을 다른 시각으로 보게
되었고, 기업의 역량인 여행을 매개로 새로운 CSR 활동의 시너지가 창출된다고 생각하며 지
금도 지구세상을 여행 중이다.

Intro. 지속가능한 사회로의 여행

'한 번의 여행이 인생을 바꿀 수 있을까?'라는 물음에 뭐라 답할 수 있을까. 4차 산업혁명이 만들어내는 숨 돌릴 틈 없이 빠른 변화에 어쩌면 지나친 인문학적 질문인지도 모르겠다. 그러나 급할수록 돌아가라는 말이 있다. "새로운 풍경이 아닌 새로운 시각을 찾는 것이 진짜 여행"이라던 『잃어버린 시간을 찾아서』의 저자 마르셀 프루스트의 말처럼, 우리의 인생도 새로운 시각으로 봐야 하는 변곡점에 이른 것은 아닐까 생각한다. '어떻게 살아갈 것인가'보다 '왜 살아야 하는가'를 고민해야 하는 때가 된 것이다.

많은 기업이 CSR 활동에 대해 자선적 책임의 사고에서 벗어나 사회와 환경 그리고 글로벌 이슈가 새로운 사업 기회라는 인식을 가지고 지속적인 노력과 투자를 하고 있다. 또한 비영리단체의 다양한 사업이 더 전략적이고 체계적으로 개인을 생각하고 사회를 건강하게 유지하며 더 밝게 변화시키고 있다고 확신한다. 그러나 기대가 점점 높아지면서 기업은 수익 극대화만 꾀할 것이 아니라 사회적 가치도 중시해야 하는 시점이 되었다. '좋은 기업'에서 '위대한 기업'을 넘어 '지속가능한 사회혁신 기업'을 꿈꾼다면 한 번쯤 고민해봐야 할 변곡점이기도 하다.

인구 5200만 명 중 3000만 명이 해외여행을 가는 나라, 국민소득 3만 달러가 넘고, 지구상에서 인터넷 속도가 가장 빠른 나라. 그러나 OECD 기준을 훨씬 웃도는 과로 사회, 노인 빈곤율은 OECD 평균의 4배, 행복지수와 소득 불평등은 최하위인 나라. 우리가 살고 있는 대한민국의 현주소다. 언제부터인가 '헬조선'이라는 말이 자연스러워졌다. 그래서일까. 틈만 나면 해외로 떠나는 사람들은 만원 지하철을 벗어나는 기분으로 그렇게 훌쩍 떠나는 것일 수도 있다. 그러나 그런 잠깐의 휴식조차 누리기 어려운 사람들이 있다. 부익부 빈익빈의 한쪽 끝에 있거나 휴가의 여유는 꿈도 꿀 수 없는 사람들에게 여행은 어떤 의미일까.

그들에게도 생애주기에 맞는 여행이 필요하다. 청소년에게는 성 아우구스티누스의 이야기를 들려주고 싶다. "여행하지 않는 사람은 세상이라는 책을 한 페이지만 읽은 셈이다." 독서의 중요성을 모르는 어른은 없다. 그러나 여행이 독서이고 배움이라는 생각은 하지 못한다. 다양한 여행을 통해 배려와 포용을 배우고, 무엇보다 지속적으로 정체성을 고민하는 과정 속에서 자신을 발견해나가야 한다. 다른 문화와 사람들을 접하다 보면 결국 자기 자신을 만날 수 있기 때문이다.

청년들에게는 "여러 곳을 여행한 자만이 지혜롭다"라는 아이슬란드 속담을 들려주고 싶다. 지식인이 아닌 참 지성인이 되길 기대한다.

지속가능은 가능한가?

세상이 얼마나 넓고 다양한지 직접 경험해야 한다. 최저임금이 오르는 만큼 최신 스마트폰이나 게임기가 아닌 여행에 투자해 지혜를 배우고 익히면 좋겠다. 기성세대와 가족들에게는 파울로 코엘료의 유명한 격언을 소개한다. "여행은 돈의 문제가 아니라 용기의 문제다." 모든 사회 구성원에게 여행은 필수불가결한 요소다. 3만 달러 시대를 살아가는 대한민국에서는 더욱 그렇다. 그래서 '누구나 여행할 권리'는 아무리 강조해도 지나치지 않다.

진정한 변화는 시스템이나 환경이 아니라 사람에게서 시작된다. 세상을 바라보는 관점과 창의력 그리고 인류에 대한 태도가 세상을 바꿔나갈 것이다. 바르게 성장한 한 사람이 세상에 미치는 힘은 대단하다. 안중근 의사나 김구 선생, 윤봉길 의사만이 아니라, 100년 전 3·1운동의 현장에서 독립만세를 외쳤던 이름 없는 한 사람 한 사람이 지금의 대한민국을 있게 한 영웅인 것처럼 말이다.

그럼 다시 한 번 묻고 싶다.
"여행으로 지속가능한 사회 가치를 실현할 수 있을까?"
답은 "YES!"다.

1. Why Travel?

인간의 물적 변화가 아닌 영적 변화에 집중해야 하는 이유

—

필자는 기업 CSR팀과 재단에서 기획한 대부분의 활동에 참여해 '누구나 여행할 권리'를 위해 여러 가지 시도를 해왔다. 그러면서 새로운 여행의 방식들이 개인의 삶에 어떤 영향을 미치는지 매번 배우며 성장하는 경험을 했다.

많은 사람들이 여행을 마치고 집에 돌아오면 생각한다. '역시 집 나가면 고생이야.' 그리고 이내 몰려드는 피로감에 풀썩 널브러진다. 하지만 다음 날이면 나도 모르게 다음 여행을 계획하고 있다. 이것이 바로 여행의 마력이 아닐까.

힐링, 추억, 만남, 배움 등 저마다 여행을 정의하는 단어가 있다. 누군가 나에게 물어본다면 여행은 '익숙함과 멀어지는 기회'라고 말하고 싶다. 우리는 분명 여행할 때만큼은 일상의 습관과 멀어질 필요가 있다. 여행이 새로운 환경의 외적 패러다임을 선사한다면 익숙함과 멀어지는 것은 내적 패러다임을 위한 준비인 셈이다.

지속가능은 가능한가?

대한민국 남단 어느 섬마을에 사는 고등학생들을 위한 여행을 준비한 적이 있다. 그들은 10대의 끝자락에 이르도록 넓은 세상을 상상해본 적이 없었다. 심지어 육지도 한 번 밟아보지 못했다. 그 아이들에게는 인터넷과 미디어 콘텐츠로 만난 세상 외에는 자신이 살고 있는 섬이 현실 세계의 전부였다. 그런 친구들에게 정말 필요한 게 여행 말고 무엇이 있을까.

『피노키오』나 『신밧드의 모험』, 『해리포터』처럼 여행과 모험을 통해 새로운 자신을 만나고 성장하는 스토리가 동서양을 막론하고 많다. 우리 역사에는 '귀양'이라는 형벌이 있었다. 죄인을 먼 시골이나 섬으로 보내어 일정 기간 동안 제한된 곳에서만 살게 하던 형벌이다. 짧게는 며칠, 길게는 수십 일 동안 걷고 숲에서 자며 이동하던 시절에는 멀리 떠나는 것 자체가 고행이었고 때론 목숨을 걸어야 하는 위험한 일이었다. 한 달 넘게 걸리는 여정인 산티아고 순례길 완주를 꿈꾸는 사람도 많다. 같은 여행이지만 관점에 따라 형벌이 될 수도 있고 축복이 될 수도 있는 것이다. 물론 과거와 현재의 가장 큰 차이는 이동수단이다. 산업혁명 이후 점점 빨라지고 다양해진 교통수단 덕에 오늘날에는 멀리 떠나는 것이 귀양이 아니라 여행으로 인식되고 있다. 지금은 아무도 모르는 오지를 누가 먼저 찾아내어 가보는가 내기라도 하는 듯하다. 더 멀리 오랫동안 떠나려는 몸부림이다.

지금은 4차 산업혁명과 웹4.0을 논하는 시대다. 주 52시간 근무제의 도입으로 '워라밸work and life balance'을 추구하는 사람이 많아졌다. 자신의 행복을 가장 중시하고 그에 맞춰 소비하는 욜로족과 포미족이 등장하면서 여행에 대한 소비는 더욱 늘어나는 추세다. 다음 세대의 주역인 Z세대는 '디지털 원주민digital native'으로도 불리지만 건국 이래 최초로 부모보다 가난한 세대라고 한다. 그들은 미래를 위해 현재를 희생하기보다 지금 이 순간의 행복과 즐거움을 가장 중요하게 여긴다. 또한 태어나면서부터 온라인을 접한 세대로 'Know How'보다 'Know Where'에 익숙한 세대이기도 하다. 이미지의 시대에서 영상의 시대가 된 지 오래다. Z세대는 유튜브에서 검색하고 학습하며, 직접 콘텐츠를 생산하고 불특정 다수와 소통하는 크리슈머cresumer이기도 하다. 베이비붐 세대부터 지금의 Z세대까지 다른 시기에 태어나 다른 환경에서 성장했지만 우리 모두는 3만 달러 시대를 살아가고 있다. 모든 세대가 공통적으로 바라고 추구하는 삶의 즐거움 중 하나는 여행이 아닐까.

이제 여행을 단지 먹고 즐기고 쉬는 시간으로만 바라보는 건 시대에 뒤떨어진 생각이다. 여행을 하면서 우리는 자기정체성을 정립하고 '어떻게 살아갈 것인가'에 대한 생각, 즉 삶의 태도를 배우고 익혀야 한다. 진짜 여행을 즐긴다는 것이 무엇인지 고민해볼 시점인 것이다. 국민소득이 4만 달러가 넘는 선진국에서는 한 해 동안 죽기 살기

지속가능은 가능한가?

로 일하다가 일주일 동안 떠나는 여행의 개념에서 벗어난 지 오래다. 그들은 한 달 여행을 위해 열한 달을 일한다. 자신에게 필요하고 자신에게 맞는 가치여행을 선택하는 것이다.

공정여행의 개념이 등장한 것도 같은 맥락에서다. 공정여행이란 현지의 환경을 해치지 않으면서 현지인이 운영하는 숙소를 이용하거나 현지에서 생산되는 음식을 먹음으로써 현지인에게 관광 수익이 돌아가게 하는 것이다. '착한 여행', '책임 여행'이라고도 불린다. 이산화탄소를 많이 배출하는 비행기보다 도보나 자전거, 기차를 이용한 여행을 즐기며, 현지인이 운영하는 숙박업소에 묵고 현지의 전통 음식을 맛보는 것을 선호한다. 지역과 환경을 생각하는 올바른 태도로 여행을 하겠다는 것이다. 여행 중 일정 시간에 현지에서 봉사활동을 하는 볼런투어voluntour도 같은 맥락의 여행 방식이다. 이처럼 과거와는 다른 새로운 여행 방식이 앞으로도 계속 등장할 것이다.

이제 '어디를' 여행할지를 고민하기보다 '어떻게' 여행할지를 생각하는 시간이 필요하다. 우리가 여행지에서 쓰는 돈이 그 지역과 공동체의 사람들에게 돌아가게 해야 한다. 숲을 지키고 멸종위기 동물들을 보호하고 다른 문화를 존중하고 경험하는 여행이 되어야 한다. 여행하는 이와 여행자를 맞이하는 이에게 모두 좋은 여행, 다시 말해 쓰고 버리는 소비가 아닌 제대로 관계 맺는 여행에 대해서 생각해야 한다. 더불어 여행의 개념을 사회적 시각에서 해석하려는 노력이 필요하다. 우리나라는 매년 수천만 명이 해외로 여행을 떠난다. 돈과 시간만 허락된다면 언제든 떠날 사람이 많아졌다는 이야기다. 여기서 문제가 발생한다. 점차 커지는 소득 격차로 인해 여행의 기회 또한 심각한 불균형을 보이고 있기 때문이다.

여행을 떠날 경제적·시간적 여유가 없는 사람이 생각보다 많다. 여름방학이 끝날 때 휴가를 멋지게 보내지 못한 저소득층 가정의 부모는 걱정이 앞선다. 개학하면 아이들은 '넌 어느 나라 다녀왔니?'라고 묻는다고 한다. 여행을 갔다 오지 못한 아이들은 대화에서 소외될 수밖에 없다. 이 때문에 부모들은 자기 아이가 위축되거나 상처를 받지 않을까 걱정하는 것이다. 1년에 한두 번씩 쉽게 해외여행을 떠나는 사람들은 알 수 없는 삶이다. 휴식 시간을 가지면서 자신을 돌아보고 새로운 삶의 가치를 찾아야 하는 사람들, 워라밸이 가장 필요한 사람들이 정작 현실에서는 여행을 떠날 수 없는 경우가 적지 않다.

여행 기회의 불균형은 사회문제로 인식되어야 한다. 1988년 서울 올림픽이 끝나고 1989년 1월 1일부터 대한민국의 여행 자유화가 시작되었다. 첫해에 121만 명이 해외로 출국했다. 2018년에는 2869만 6000명이 출국했다고 하니 30년 만에 출국자는 25배가 늘었고, 여행시장은 40배 가까이 성장했다. 국민의 60퍼센트가 해외여행을 하는 나라라니, 다시 한 번 놀랍다. 그러나 여행의 부익부 빈익빈 현상은 갈수록 점점 심해지고 있다. 여행 기회의 불균형을 해소하기 위해 정부가 개입해 제도를 정비하고 여행산업과 협력해 여행복지를 펼쳐야 할 때다. 유럽은 오래전부터 복지관광social tourism이라는 개념을 도입하고 있으며, 복지관광의 대상뿐만 아니라 관광 상품과 지원 방법 등에 대해 관심을 가지고 있다. 우리의 경우 정부에서 시행하는 여행바우처 제도가 있긴 하나, 여전히 복지 사각제도에 있는 사람이 많다.

얼마 전까지만 해도 여행을 지원한다는 개념은 우리에게 생소했다. 실제로 이런 일이 있었다. 영세공장에서 일하는 부부에게 여행을 지원하기로 했는데 사장이 휴가를 줄 수 없다며 전화로 항의하는가 하면, 시설에 맡겨진 청소년들의 경우 어렵게 부모와 연락이 닿았지만 '머리에 바람 들어간다'며 끝내 여권 발급에 필요한 서명을 해주지 않았던 사례도 있었다.

여행은 개인의 워라밸을 넘어서 사회적 워라밸을 실현하게 해준다. 여행기업과 민간기업의 협력, 정부·지자체의 제도 개선을 통해 누구나 여행을 떠날 수 있는 관광기본권을 보장해야 한다. 그게 우리 사회가 앞으로 나아가는 길이다. 미래에는 관광 소외층뿐만 아니라 관광산업 전체로 지원을 확장해 관광 대상과 관광 시설 등 복지관광과 연관된 폭넓은 이해 당사자까지 포함시켜 관광업 종사자들이 처한 환경을 개선해야 할 것이다. 더 많은 사람이 안전하고 편안한 시설을 이용하면서 여행의 여유로움을 누리는 것이 진정한 관광복지일 것이다.

이제는 인간의 물적 변화보다 영적 변화에 집중해야 하는 때다. 가난한 사람에게 돈을 주는 사람은 선한 사람, 돈 버는 법을 가르쳐주는 사람은 능력 있는 사람, 가난한 사람에게 꿈을 심어주는 사람은 위대한 사람이라고 한다. 마음이라는 밭에 자란 잡초를 제거하고 끝나는 여행이 아닌, 다시는 잡초가 자라지 않도록 마음이라는 밭에 나무를 심는 것, 이것이 바로 우리 시대가 추구해야 하는 여행의 방향이다.

여행이 주는 축복

2015년 보호관찰 중이던 청소년들과 함께한 희망여행 '지구별 여행학교'는 여행의 가치와 힘을 느끼게 해준 경험이었다. 그 청소년들은 부모의 이혼이나 폭력, 혹은 애정결핍으로 잠시 일탈했다가 법원에서 재판을 받고 일정 기간 보호관찰을 받고 있었다. 보호관찰 기간 동안 매뉴얼에 따라 교육과 자성自省의 생활을 잘 마치면 사회로 돌아갈 수 있다. 그러나 같은 환경에 놓인 청소년들의 재범률은 13퍼센트에 육박한다. 낯선 곳에서의 익숙한 만남이랄까. 자신을 재판했던 판사와 여행을 하는 경험은 스스로를 설득하고 동기부여를 하기에 충분했다. 천종호 판사는 자신이 내린 판결을 받고 보호관찰 중인 청소년들과 희망여행을 함께한 후, 그 소감을 아래와 같이 적어 내려갔다.

"고대 철학자 플라톤은 『국가』라는 책에서 청년들을 지도자로 만드는 네 가지 덕목으로 '용기, 인내, 지혜, 정의'를 들었다. 이러한 덕목을 효과적으로 배양하게 하는 것이 바로 여행이다.

여행은 '용기'의 덕을 단련시킨다. 낯선 곳, 낯선 나라에 찾아가는 것은 자신의 고향과 나라에서 누리던 기득권과 안락함을 버리는 것이므로 용기가 필요하다. 위기 청소년들이나 그들을 위해 봉사하는 분들을 해외여행에 초대해보면 의외로 초대를 거절하는 이들이 많다. 해외여행 경험이 없어 가보지 않은 미지의 땅에서 이방인이 될 것을 생각하니 두렵기 때문이다. 하지만 억지로라도 한 번 여행에 동행해본 이후에는 그다음 번에 여행에 초대를 받아도 처음처럼 그렇게 민감한 반응을 보이지 않는다. 용기는 또 다른 용기를 위한 첫 번째 계단이다.

여행은 '인내'의 덕을 강화한다. 여행 가기로 결정된 뒤부터 흥분을 가라앉히지 못하는 위기 청소년들을 많이 보았다. 여행지에 가서는 음식이나 기후에 적응하지 못해 안절부절못하며 고향으로 돌아가고 싶다고 애태우는 아이들도 있다. 하지만 모든 사람에게 하루 24시간 이 공평하게 주어져 있으므로 흥분 상태로 세월을 보내든 애태우며 시간을 보내든 주어진 시간을 인내할 수 있어야 여행길에 발을 내디 딜 수 있고 귀향길에 오를 수가 있다. 이러한 과정에서 인내하는 성 품이 함양되어간다.

여행을 통해 '지혜'가 축적되어간다. 위기 청소년들 중 여행을 통해 소중한 경험을 하는 아이들을 많이 본다. 낯선 땅에서 이방인이 되 어 새 하늘과 새 땅을 보며 여행을 하는 동안 자아에 눈을 뜨기 시작 하여 건강한 사회 구성원으로 돌아오는 아이들도 있다. 이는 여행이 아니면 얻을 수 없는 지혜가 그 아이들의 영혼에 자리 잡기 시작했 기 때문이라 생각한다.

여행은 '정의'를 실천한다. 경제적으로 어려운 상태에서 비행을 저 지른 위기 청소년들이 해외여행을 통해 자신보다 어려운 처지에 있는 아이들이 해맑고 바르게 살아가는 모습을 보고 자신을 돌아보고 회 심의 길을 내딛기 시작한다. 더 나아가 그 아이들의 어려운 삶을 위해 고국에서 가지고 온 용돈을 털어 나누어주는 모습도 보여준다. 국내 에서는 보기 어려운 장면이 해외여행을 통해 자연스럽게 연출된다.

여행은 인성 함양의 도가니다. 여행을 통해 아이들은 성숙되어가고, 풍성한 삶의 양식을 마련하게 된다. 경제적인 이유 등으로 여행할 기회가 배제된 위기 청소년들에게 제공된 여행의 기회는 그 아이들에게는 축복의 시간이다. 한편 그러한 시간을 제공하는 것은 노블레스 오블리주를 실천할 수 있는 절호의 기회일 뿐만 아니라 우리 사회의 건강한 구성원을 배출할 수 있도록 하는 지속가능한 성장의 토대가 된다. 이러한 여행에 보다 많은 분들이 동참하기를 감히 기대해본다."

2. From Brand Value to Social Value

사회적 가치가 곧 기업의 가치

——

2016년 최고의 바둑기사인 이세돌과 구글이 개발한 바둑 프로그램 알파고AlphaGo의 대결에서 알파고가 네 번이나 이겼을 때, 많은 사람들은 큰 충격에 휩싸였다. 이세돌이 알파고를 꺾은 건 단 한 번이었다. 이를 두고 '인간의 마지막 승리'라며 의미를 부여하기도 했지만, 이 사건은 우리 삶 속으로 성큼 들어온 기술의 진보와 사회 변화를 확연히 느끼게 해주었다. 이세돌을 능가하는 사람이 나오려면 많은 학습과 시간이 필요할 것이다. 하지만 알파고는 알파고 리, 알파고 마스터, 알파 제로로 해를 거듭하며 업그레이드되었다.

4차 산업혁명의 시대다. AI, SW, IoT, 클라우드, 빅데이터, 모바일 같은 단어들이 이제는 우리의 일상 속에 들어와 있다. 3D 프린터로 인체의 장기 중에서도 예술의 영역이라 불리는 간을 프린트해 이식수술을 준비 중이라는 소식도 들린다. 첨단 정보통신기술이 사회 전반에 융합되어 혁신적 변화를 일으키는 시대에 기업이 지향하는 가치 또한 변할 수밖에 없다. 이러한 흐름 속에 기업의 사회적 책임, 사회 책임 경영을 뜻하는 CSR은 어떻게 변화하고 있을까.

CSR은 단적으로 말해 기업이 생산과 이윤 추구 활동을 하면서 사회 전체의 이익을 동시에 추구하는 것이다. 즉 기업이 사회에 대해 갖는 경제적·법적·윤리적·자선적 책임을 포괄하는 개념이다. CSR은 'Corporate Social Responsibility'의 약자다. 세 가지 모두 중요한 요인이지만 따지자면 Corporate보다는 Social, Social보다는 Responsibility가 더 강조되어야 한다고 생각한다. 또한 영리기업은 보다 비영리기업답게, 비영리기업은 보다 영리기업답게 운영하려는 노력이 필요한 시점이다.

지금의 CSR은 다양한 핵심 이슈를 가지고 있다. 인권, 기업 지배구조, 노동, 소비자, 환경, 공정운영, 사회 발전 등의 가치들은 현재 CSR이 직면하고 있는 과제들이다. 그래서 더욱 기업들이 전략적 정체성을 고민해야 하는 지점이다.

국민소득 3만 달러 시대인 지금은 새로운 분위기가 형성되었다. 정부가 아닌 기업들이 주도해 ISO 26000(국제표준화기구가 정한 사회적 책임 경영의 국제표준) 등에 입각한 전략적인 판단을 통해 CSR 활동을 전개하고 있다. 사회공헌 활동이 경영과 분리된 자선활동이 아니라 경영 성과와 직접적으로 연관된 행위로 인식되기 시작한 것이다. 세계적인 추세도 크게 다르지 않다. 권력이 기업에서 고객으로 완전히 이양되면서 지역의 커뮤니티가 주도적으로 사회적 가치를 만들어가고 있으며, 여기에 기업이 동참하고 있다.

CSR의 트렌드가 바뀌다 보니 실제 활동의 양상 역시 과거와는 달라졌다. 예전에는 기업의 사회공헌 활동이 고아원을 짓는 등 하드웨어에 초점을 맞추는 방식이었는데, 시간이 흐르면서 장학금이나 생활비를 지원하거나 배움의 기회를 제공해 자립을 돕는 방향으로 나아갔다. 지금은 문화, 예술, 복지 전반에 대한 프로그램을 지원함으로써 사회 구성원의 본질적인 성장을 돕는 방향으로 진화하고 있다. 기업의 생존 자체가 사회적 변화를 따라잡느냐 마느냐에 달려 있다고 보면, CSR 활동도 시장환경의 변화와 맞물려 발전해왔다고 할 수 있다.

제품을 잘 만들기만 하면 팔리던 마켓1.0 시대는 지나갔다. 정보화 기술을 토대로 개개인의 소비자를 어떻게 만족시킬지 고민하던 마켓2.0 시대에는 CSR 활동도 2.0으로 진화한다. 이때 기업의 최대 관심사는 자기 기업과 제품의 포지셔닝이었다. 21세기에 들어서면서 마켓3.0 시대에는 사람을 단순히 소비자로만 보지 않고 이성, 감성, 영혼을 지닌 완전한 주체로 바라보고 그들에게 어떻게 하면 더 나은 세상을 제공할 수 있을지 고민하는 게 기업의 생존과제가 되었다.

시장이 이렇다 보니 기업의 커뮤니케이션 방식도 대대적인 변화를 겪었다. 기존 광고 마케팅은 크게 ATL^Above the Line과 BTL^Below the Line 채널로 나뉘었다. 두 채널의 공통점이 기업의 직접적 개입을 통해 소비자에게 일방적인 메시지를 전달하는 방식이라면, 현재는 다양한 매체와 SNS를 이용한 간접적 개입을 통해 사회적 가치를 실현하는 방식으로 진화했다. 이를테면 공익 연계 마케팅^Cause-related Marketing이 대표적이다. 기업이 특정 제품이나 서비스를 판매해 얻은 수익의 일정 부분을 사회문제 해결을 위한 기부금으로 제공하는 것이다. 이처럼 지금은 사회적 문제를 해결하면서 기업의 가치를 추구하는 추세다.

1980년대 초 미국의 아메리칸 익스프레스가 시도한 자유의 여신상 복구 지원 캠페인을 최초의 공익 연계 마케팅 사례로 들 수 있다. 기금을 마련하면서 기업의 상품 판매도 촉진하는 사회 참여 사업이었다. 신규 카드 가입이 이루어질 때마다 1달러를, 1건의 거래가 성사될 때마다 1센트를 기부하는 방식인데, 기부금은 당시 흉물스럽게 변해가던 자유의 여신상을 보수하는 데 쓰겠다고 약속했다. 여기에 미국 소비자들이 호응하면서 카드 사용률과 신규 가입이 크게 증가했다.

1998년에 멕시코 시멘트회사 세멕스^CEMEX는 저소득층을 위한 파이낸싱 서비스인 '오늘을 위한 기금^Patrimonio Hoy'을 시작했다. CSV나 사회 혁신이라는 개념적 정의가 나오기도 전부터 기업의 성장은 물론 지속가능한 사회 혁신 사례를 만들었다고 할 수 있다. 오늘을 위한 기금은 일종의 '시멘트 계'로, 열악한 주거 환경에 처해 있는 저소득층 주민들이 일정 금액을 곗돈으로 내면 차례로 새 집을 짓는 데 필요한 시멘트와 벽돌을 세멕스로부터 제공받는다. 더불어 세멕스에서는 자금 대출 및 건축 컨설팅 등의 서비스도 지원했다. 이를 통해 건축 비용과 기간이 줄어들었고, 주민 참여가 늘어나고 업무가 많아짐에 따라 새로운 일자리가 창출되었으며, 기업의 매출도 증대했다. 이 캠페인이 시작되고 10년 만에 이 서비스를 이용해 지어진 집은 30만 채에 이르렀다.

세제 브랜드 타이드Tide의 사회공헌 서비스인 'Loads Of Hope'도 인상적인 성과를 거두었다. 자연재해가 발생했을 때 가장 시급한 조치는 첫 번째 인명 구조, 두 번째 방역과 위생관리다. 타이드는 허리케인으로 피해를 입은 사람들의 위생문제를 해결하기 위해 옷을 무료로 세탁해주는 이동식 세탁 서비스를 제공했다. 이를 통해 수만 벌의 옷을 세탁했고, 자사 세제의 판매 수익 중 일부를 기부하기도 했다.

최근 헤어디자이너 청년에 의해 시작된 'The Kind Cut' 프로젝트를 소개하는 영상이 인상에 남는다. 거리의 노숙인이나 여성 보호소 등에 머무는 사람들의 머리와 수염을 깎아주고 멋지게 스타일링을

헤어디자이너들이 재능기부를 통해 노숙인들의 자존감을 높여준다.

해주는 영상이다. 무기력함과 낮은 자존감으로 위축되어 있던 그들은 멋지게 변신한 자신의 모습을 거울로 보는 순간 예외 없이 눈물을 터뜨린다. 인간의 영적 변화를 통한 동기부여의 중요성과 자신의 재능을 활용한 CSR 활동에는 개인과 기업의 구분이 없다. 작은 시도와 행동이 사회를 혁신하고, 이러한 변화들이 세상을 만들어간다.

사회에 좋은 것이 기업에도 좋다

————

기업 운영의 원칙도 달라졌다. 신발 브랜드인 탐스TOMS는 신발 한 켤레가 팔릴 때마다 개발도상국의 빈곤한 아동에게 신발 한 켤레를 기부하는 방식을 도입해 세계적인 호응을 이끌어냈다. 국내 사회적 기업인 딜라이트는 "돈이 없어 듣지 못하는 사람이 없는 세상을 만들자"라는 슬로건을 내걸고 기존 보청기 가격의 5분의 1 수준의 값

싼 보청기를 보급해 선풍적인 인기를 끌었다.

소비자는 기업이 사회에 미치는 영향에 점점 더 예민하게 반응하고 있다. 더 이상 좋은 물건을 싸게 파는 게 전부가 아니다. 세계적인 스포츠 브랜드 나이키는 1990년대 후반에 파키스탄과 인도의 미성년 노동자에게 혹독한 근로조건을 제공했다는 사실이 밝혀지면서 위기를 맞았으며, 코카콜라는 인도 공장에서 지나치게 지하수를 끌어올리다가 지역사회에 물 부족 현상을 초래했다는 이유로 곤경에 처하기도 했다.

국내 소비자의 동향 또한 예외는 아니다. 이렇다 보니 기업들은 이전과 다른 방식으로 소비자와 커뮤니케이션할 수밖에 없다. 아시아나항공의 광고 메시지의 변화는 그런 측면에서 흥미롭다. 2000년대 중반까지만 해도 아시아나항공은 광고를 통해 자사 여객기의 편안함

아시아나항공의 광고 메시지 변화

지속가능은 가능한가?

과 안전함, 그리고 다양한 취항노선을 알리는 데 집중했다. 2009년부터는 글로벌 녹색경영을 내세우며, 기체 경량화로 에너지 사용을 최소화한 '에코플라이트Eco Flight'와 연료절감 및 탄소 저감을 위한 '그린 플라이트Green Flight' 캠페인을 통해 환경보호에 앞장서고 있음을 소비자에게 적극적으로 알리고 있다.

세계적인 초콜릿 회사 페레로로쉐Ferrero Rocher의 홈페이지에는 다음과 같은 문장이 나와 있다. "기업의 사회적 책임은 창립 이래로 페레로 사업의 핵심이었으며 우리가 하는 모든 일에 내재되어 있습니다.Corporate social responsibility has been at the heart of the Ferrero business since its creation and is inherent in everything we do." 페레로로쉐는 최대 고객인 어린이들의 건강을 위해 '킨더Kinder + 스포츠Sport' 활동을 전개하고 있다. 지역의 커뮤니티에서 아이들의 운동과 야외활동을 지원하는 CSR 활동이다. 기업의 존재 이유와 사업의 핵심은 사회적 책임이기 때문이다.

결국 기업이 직면한 기업 브랜드 상황은 다음 장의 도표와 같다. 장점과 단점 등 있는 그대로의 브랜드에 관한 정보를 브랜드 리얼리티Brand Reality, 브랜드의 주체가 소비자들에게 보여주기 위해 기획한 장점 위주의 정보를 브랜드 아이덴티티Brand Identity, 소비자가 받아들여 이해한 브랜드 정보를 브랜드 이미지Brand Image라고 하면 이 세 요인 간의 힘겨루기가 시대에 따라 급변한다고 할 수 있다.

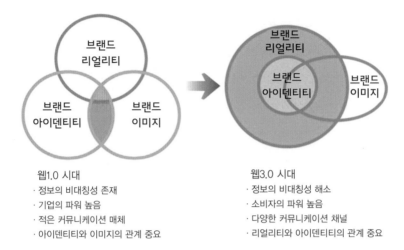

웹1.0 시대
· 정보의 비대칭성 존재
· 기업의 파워 높음
· 적은 커뮤니케이션 매체
· 아이덴티티와 이미지의 관계 중요

웹3.0 시대
· 정보의 비대칭성 해소
· 소비자의 파워 높음
· 다양한 커뮤니케이션 채널
· 리얼리티와 아이덴티티의 관계 중요

웹1.0 시대에는 정보의 비대칭성으로 인해 기업의 힘이 소비자보다 절대적 우위에 있었다. 커뮤니케이션 매체가 적어 소비자가 접할 수 있는 정보도 제한적이다. 이런 상황에서는 기업이 제공하는 정보가 바로 브랜드의 이미지가 되었다. 그러나 웹2.0 시대에 접어들면 정보의 비대칭성이 해소되고 소비자의 힘이 커지기 시작한다. 이와 동시에 커뮤니케이션 채널이 다양해지면서 브랜드 아이덴티티와 브랜드 리얼리티가 함께 브랜드 이미지를 구축하게 되었다. 그러나 이 경우에도 소비자가 인지하는 브랜드 이미지의 중심에는 기업이 주도하는 브랜드 아이덴티티가 위치해 있었다.

지금은 웹3.0 시대를 지나 웹4.0 시대를 바라보고 있다. 더 이상 브

지속가능은 가능한가?

랜드 이미지를 브랜드 아이덴티티가 주도하지 못한다. 이제 소비자는 투명해진 기업의 브랜드 리얼리티를 다양한 방식으로 편리하게 직접 확인할 수 있다. 때문에 브랜드 리얼리티를 기반으로 한 브랜드 아이덴티티만이 소비자에게 진정성 있게 다가갈 수 있다.

산업의 마케팅적 측면에서도 마켓3.0 시대의 소비자들은 영혼까지 만족시켜주는 제품과 서비스를 원하고 있다. 무엇을 먹고 무엇을 입을 것인가 하는 기본적인 욕구에 목말라 하지 않는다. 자신이 원하는 것에 돈을 아끼지 않는 가치고객value consumer으로서 '나는 누구인가', '나의 정체성은 무엇인가' 하는 물음에 기업이 '나(고객)'만을 위한 제품과 서비스로 응답해야 하는 시대다. CSR의 가장 중요한 지향점 또한 개인의 삶의 의미를 찾아가는 과정에 균등한 기회를 제공하는 것으로, 스스로 성장하도록 돕는 것이 중요하다.

마이클 포터가 말한 CSVCreating Shared Value는 공유가치 창출이라는 뜻이다. 기업이 수익을 창출한 후에 그 수익의 일부를 사회에 환원하는 차원에서 사회공헌 활동을 하는 것이 기존의 방식이었다면, CSV는 기업 활동 자체로써 사회적 가치를 창출하는 동시에 경제적 수익을 내는 것이다. 기업의 이윤 극대화 전략에 사회적·환경적 가치를 통합한 개념이라고 할 수 있다. 더 나아가 지금은 '어떻게 지속가능하도록 할 것인가'를 함께 고민하는 Creating Sustainable Value 시대라고 할 수 있다. 또한 커뮤니케이션 측면에서도 기존의 ATL, BTL 채널이 기업이 직접 개입해 자사의 메시지를 주입하는 형태였다면, 요즘 주류 미디어를 넘어서는 TTL^{Through the line}, CTL^{Cross-over the line}로 일컬어지는 채널들은 기업이 간접적인 방식으로 개입하는 측면이 강하다. 그래서 기업의 CSR 활동은 필수가 되었다. 물론 진정성이 없다면 오히려 역효과가 크다는 것을 간과해서는 안 된다.

CSR은 기본적으로 시민의식과 자선활동을 바탕으로 기업의 가치사슬에 존재하는 사회문제에 대응하는 활동을 의미한다고 볼 수 있다. 통상적으로 CSR 예산은 한정적이기 때문에 활동이 제한될 수밖에 없다. 또 CSR의 중요성이 높아지면서 기업에 요구되는 사회와 환경에 관한 기준도 까다로워졌는데, 기업들은 이를 준수하기 위해 비용을 추가로 지불하거나 사업상 제약을 떠안기도 한다. 이에 비해 CSV적 측면은 치열한 경쟁에서 기업이 살아남는 길을 제시한다는 점에서 이전의 CSR을 대체할 수 있다. 기존의 CSR은 사회적 압력에 의해 선행을 베풀고 이를 통한 기업 평판 제고에 치중했다면, CSV는 수익 극대화를 위한 경쟁세계에서 비용 대비 경제적·사회적 편익 모두를 창출하는 것에 가치를 둔다. CSV가 전 세계적인 호평을 받으면서, 기업들은 지속적인 성장이라는 비전에 맞춰 비즈니스 모델을 구축하는 데 집중하고 있다. 그러나 현실과 이상의 경계를 조율하는 관점에서 어느 한쪽으로 기업의 사회공헌 활동이 집중된다기보다는 때로는 중첩되기도 하고 함께 고민해야 할 개념으로 활용된다고 보는 것이 적절하다.

하나투어는 2010년 CSR 전담팀을 신설하여 경제적·사회적 여건 등으로 관광활동에 제약을 받는 관광 취약계층의 여행을 비롯한 문화예술 프로그램을 지원하고, 누구나 자유롭게 문화 및 여가활동에 참여할 수 있는 장을 마련해 문화관광 산업의 발전과 문화예술 활성화에 보탬이 될 수 있도록 노력하고 있다. 2017년에는 하나투어 문화재단을 설립하여 다양한 분야로 영역을 확대하며 긍정적인 시너지 효과를 내고 있다. 많은 단체와의 컬래버레이션을 통해 다양한 아이디어를 모을 수 있었고, 이로써 더 많은 사람들이 혜택을 받게 됐다. 복지 대상자는 아니지만 각자의 사정으로 여행의 권리를 누리지 못했던 사람이 많다. 이를테면 사회복지 전방에서 소외계층을 돌보느라 격무에 시달리는 사회복지사를 꼽을 수 있다. 이러한 여행 사각지

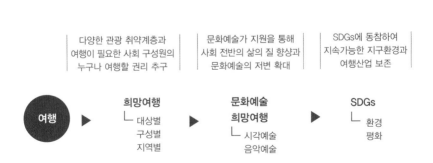

대에 놓인 사람들에게 여행의 기회를 마련해줄 수 있었던 것 자체가 큰 성과다. 무엇보다 중요한 것은 지속가능성 있는 나눔이 되는 것이다. 물이 부족한 아프리카 마을에 우물을 파주는 자선사업은 평가가 엇갈리는 대표적인 사례. 우물을 파면 당장은 그 지역에 도움이 되는 것처럼 보이지만 사후 관리가 힘든 게 문제다. 결국 마을 사람들은 다시 흙탕물을 마시거나 멀리까지 물을 길러 가야 한다. 이처럼 지속가능성 없는 나눔은 긍정적 영향을 줄 수 없다.

사회공헌은 단순한 물질적 지원보다 해당 기업의 장점 혹은 역량을 최대한 발휘해 시너지를 내는 것이 효율적이다. 하나투어의 가장 큰 경쟁력은 여행이다. 따라서 여행과 관련한 사회공헌 활동을 할 때 완성도 높은 현지 프로그램과 운영이 가능하다. 또한 모든 노하우와 프로세스가 공개되어 있다. 약간의 니즈와 예산만으로도 얼마든지 컬래버레이션이 가능하다. 현재 하나투어문화재단을 통해 플랫폼화해 더 많은 기업들이 여행을 통한 CSR에 동참할 수 있도록 준비 중이다. 예를 들어, 관광 취약계층에 있는 사람을 지원해주고 싶은데 예산이 부족한 경우, 하나투어의 인프라를 활용해 현지의 다양한 매칭을 시도할 수 있다. 평소 네트워크를 맺고 있는 항공사, 호텔, 현지 지사와 가이드, 협력사 등의 도움을 받아 비용을 절감하면서 현지 프로그램과 일정을 대상에 맞게 최적화하는 식이다. 앞으로 사회공헌 활동에서 하나투어의 잠재력이 높은 이유다.

　지속가능은 가능한가?

3. Creating Sustainable Society: Travel

여행으로 희망을 나누다— 희망여행

———

『나는 걷는다』의 저자인 베르나르 올리비에Bernard Olivier의 쇠이유협회는 도보여행을 통해 청소년을 교화하는 프로그램으로 유명한 비영리법인이다. 쇠이유Seuil는 프랑스어로 '경계' 또는 '문턱'이라는 뜻이다. 이 프로젝트는 비행 청소년이 문턱을 넘어 사회의 일원으로 편입하기를 희망하는 차원에서 2000년부터 시작되었다. 멘토와 멘티가 1 대 1로 3개월 동안 하루 20~25킬로미터씩 약 2000킬로미터를 걸으면서 스스로를 발견하고 성찰하는 여행 프로젝트다. 쇠이유 프로젝트를 통해 도보여행을 다녀온 청소년의 재범률이 기존의 85퍼센트에서 15퍼센트로 낮아졌다고 하니, 그 효과는 이미 검증되었다고 할 수 있다. 필자가 익숙한 것과 멀어지는 여행을 추천하는 것도 이와 맥을 같이한다. 도보여행을 할 때는 스마트폰 사용이 금지된다. SNS와 음악 듣기도 잠시 내려놓아야 하고 술 담배도 안 된다. 그저 걷기만 하며 여행하는 것이다.

국내에도 이와 비슷한 여행 프로그램들이 있다. 엄홍길의 희망원정대, 하자센터에서 운영하는 '길 위에서 배움'을 의미하는 '로드스

꼴라'가 그런 예다. (사)만사소년에서 진행하는 '2인 3각 프로젝트'는
10일 동안 하루에 15~20킬로미터를 걷는 1 대 1 도보여행이다.

지금부터는 국내 여행업계의 CSR 사례와 그 방향성에 관해 살펴
보고자 한다. 그중 사회공헌 활동을 가장 선도적이고 큰 범위로 이
끌고 있는 하나투어의 사례를 다룰 것이다. 2005년부터 기업 특성
을 반영한 사회공헌 사업을 꾸준히 해왔고, 2010년에는 업계 최초로
CSR 전담팀이 신설되었다. 2017년부터는 국내 여행사에서는 유일하
게 재단(하나투어문화재단)을 만들어 사회공헌 활동에 앞장서고 있
다. 재단 설립은 더 체계적이고 전문적이며 지속가능한 사회공헌 사
업을 펼치겠다는 의지의 표현이기도 하다.

대표적인 CSR 프로그램은 '희망여행 프로젝트'다. 희망여행은 단
순한 물질적 지원을 넘어 정신적 빈곤을 해소하는 문화 지원 사업이
다. 해를 거듭할수록 NGO/NPO의 관심과 지원이 늘어 아동·청소
년부터 노인, 저소득층, 다문화가정까지 참여 대상과 지원 횟수를 확
대하고 있다. 또한 다양한 장르의 아티스트들이 참여하는 프로그램
을 기획해 탐방 지역의 아름다움을 작품과 음악을 통해 대중과 공
유하고자 한다.

하나투어는 지금까지 6000여 명에게 희망여행의 기회를 제공했다.

지속가능은 가능한가?

대상에 따라 '아주 특별한 허니문', '지구별 여행학교', '가족愛 재발견', '에코희망여행', '바칼로레아', 'K-dream', '사랑하랑' 등이 있다.

'아주 특별한 허니문'은 경제적·신체적 어려움으로 신혼여행을 가지 못했던 부부들을 지원하는 프로그램이다. 여행을 통해 부부들은 마음의 상처를 치유하고 다시금 사랑을 확인하며 인생의 소중한 동반자가 될 것을 다짐한다. 매년 갖가지 사연을 가진 부부들이 이 프

하나투어문화재단에서 진행 중인 다양한 CSR 사업

로그램에 참가해 어려운 환경으로 인해 떠나지 못했던 신혼여행의 즐거움을 뒤늦게나마 만끽하며 특별한 추억을 만든다. 현지에서 깜짝 결혼식과 웨딩촬영도 진행된다.

'지구별 여행학교'는 꿈과 정체성에 대한 고민이 많은 아동·청소년들에게 국내외 여행을 통해 다채로운 문화를 경험하고 자신의 꿈을 새롭게 그려볼 수 있는 기회를 제공한다. 현지 문화 체험 외에 도서관 짓기, 한국 문화 공연, 빈민촌 봉사활동이나 미션 수행 등을 통한 자존감 회복 프로그램 등 대상에 맞는 다양한 프로그램이 있다.

'가족愛 재발견'은 여행 기회가 거의 없는 가족에게 여행을 지원함으로써 가족애를 도모하는 사업이다. 다문화가정의 여성이 친정을 방문하거나, 사연 있는 입영 예정자들이 입대 전에 부모와 함께 여행을 하기도 한다. 이 프로그램은 관광 취약계층 가족에게 여행 기회를 제공하는 민관협력의 장으로도 확대되었다.

'에코희망여행'은 여행과 환경보호의 가치를 결합한 프로그램이다. 사회적 기업가들에게 외국의 사회적 기업을 탐방하고 교류하는 기회를 제공한다. 이 프로그램은 2017년부터 '지속가능한 자립 마을 만들기'라는 프로젝트에 합류해, 사회적 기업가들의 역량을 모아 진짜 마을을 만들어가는 데 도움을 주고 있다. 세계 3대 빈민촌 중 하

　　　　　　　　　　　　　　지속가능은 가능한가?

나인 필리핀 마닐라의 사와타 지역 주민들은 정부에 의해 '타워빌'이라는 마을로 이주해야만 했는데, 타워빌은 일자리와 기반시설이 부족해 생활이 어려운 지역이었다. 국제개발 NGO인 사단법인 캠프가 2011년부터 현지에 거주하며 자립 가능한 마을 만들기에 힘을 쏟고 있는데, 이에 '에코희망여행'이 참여해 사회적 기업가들의 역량을 적용하며 타워빌이 성장할 수 있도록 돕고 있다. 양계장을 보수하거나 커피찌꺼기와 곤충으로 양계용 사료를 만들고, 적정기술을 적용해 태양광 가로등을 설치하며, 폐식용유로 천연비누를 제작해 주민들에게 제공한다. 최근에는 필리핀 마닐라 북부에서 100킬로미터쯤 떨어진 타를라크 지역에서 지방정부와 협력하여 새로운 대규모 농장을 준비하는 일에 참여하고 있다.

'사랑하랑'은 사회복지사들을 위한 힐링여행 프로그램이다. 복지의 최전방에 있는 사회복지사가 행복하지 않다면, 이들에게서 서비스를 받는 대상자들이 제대로 된 행복을 누리지 못할 것이라는 생각에서 기획되었다. 사회복지사들은 재충전의 시간을 가짐으로써 소외된 이웃들을 위해 다시 일할 힘을 얻을 수 있다. 또한 복지 분야에만 치중하지 않도록, 다양한 산업의 변화에 대한 교육과 현지 미션 등을 통해 팀워크를 다지고 자신을 돌아보기도 한다. 부부 사회복지사와 2대가 사회복지사인 가족을 위한 프로그램도 진행한다.

'바칼로레아'는 국내 여행을 대표하는 희망여행 사업이다. 바칼로레아는 프랑스의 대입자격시험을 가리키는 말인데, 학생들의 다양한 생각과 의견을 평가하는 것으로 유명하다. 이러한 취지에 착안하여 청소년들이 스스로 여행을 기획하도록 프로그램을 만들었다. 선생님이 짜놓은 일정표대로 버스에서 내리고 사진 찍고 식사하는 식의 여행이 아니라 새로운 경험과 배움, 다양한 시도가 가능한 여행이다. 자립적인 여행을 통해 청소년들은 한층 성장할 수 있다. 예를 들어 다문화로 구성된 기관의 아이들이 한국에 대한 공부를 하고 싶다면 차량을 빌려 전국일주를 하겠다는 아이디어로 공모에 신청할 수 있다. 최종 선정된 기관이나 단체는 모든 일정을 스스로 짜야 한다. 청소년들은 자신이 원하는 곳에 가고, 먹고 싶은 음식을 먹는다. 이 프로그램은 매년 여름방학에 진행되며, 면접 또한 모든 참여 기관 및 단체가 함께해 서로의 생각을 나눈다. 여행 후에는 여행 앨범이나 여행 책을 만들어 서로 공유한다.

'K-dream'은 앞서 살펴본 프로그램들과 반대로 해외에 있는 동포나 외국인들이 한국을 여행하는 것을 지원하는 프로그램이다. 참가자들은 한국을 방문해 K-POP과 전통문화 등을 경험하게 된다. 향후 해외로 입양된 한국 아동들이나 의료시설이 부족한 지역의 아동·청소년을 위한 지원으로 확대할 계획이다.

'여행약국' 프로그램은 "몸이 아픈 사람은 약국, 마음이 아픈 사람은 여행약국"을 슬로건으로 내세운다. 정서적 빈곤을 겪는 사람들이 여행을 하면서 마음치유를 하도록 돕는다는 취지다. 기존의 희망여행과도 맥이 같다고 할 수 있지만, 기존의 희망여행이 그룹 단위의 '패키지여행'으로 구성되었다면, 여행약국은 저마다의 사연이 있는 개인, 가족, 소수의 '개별여행'으로 구성된다는 점이 다르다. 개인에 맞게 특성화된 치유 프로그램을 더한 여행 일정을 '처방'한다.

하나투어에서는 여행 소외계층을 위한 사회복지 분야의 여행 지원 사업을 문화예술 분야로 확장하여 '문화예술 희망여행'도 진행하고 있다. 'COA 프로젝트'와 '아트투어Art-tour'라는 두 가지 프로그램이 있다.

COA 프로젝트는 민간Corporate과 공공Organization 그리고 아티스트Artist들의 협업을 통한 새로운 형태의 문화예술 지원 사업이다. 누구나 여행할 권리가 있다는 것은 예술가도 예외가 아니다. 다양한 장르의 시각예술가들이 모여 함께 여행을 떠나 현지의 아티스트들과 교류한다. 돌아와서는 여행 중에 얻은 영감으로 작품을 만들어 전시회를 연다. 다른 장르 작가들과의 컬래버레이션은 서로의 영역을 배우고 이해하는 기회가 되며, 철이 철을 날카롭게 하듯 서로에게 긍정적인 영향을 미친다. 기대 이상의 시너지와 네트워킹이 만들어지는 것이다. 이 프로젝트는 음악 분야로도 확대되었다. 전통악기인 해금을 비롯해 바이올린, 플루트 같은 클래식 악기를 다루는 뮤지션들, 그리고 기타리스트와 키보디스트, 보컬, 래퍼까지 다양한 뮤지션들이 모여 동남아시아의 빈민가에서 공연을 펼치고 세계인이 모이는 대표적인 관광명소에서 버스킹을 하기도 했다. 이후 그곳에서 받은 영감으로 곡을 만들어 디지털 싱글 앨범을 출시했다. 향후 퍼포먼스와 다양한 장르의 컬래버레이션을 통해 한국의 다양한 문화예술 콘텐츠를 알리고 생산해낼 것으로 기대된다. 판매 수익은 전액 다음번 COA 프로젝트를 위해 사용된다.

아트투어는 문화예술 콘텐츠를 활용한 여행이다. 문화예술의 세계에서 장애는 불가능이 아닌 극복의 대상이다. 가령 음악 분야라면 장애아동으로 구성된 오케스트라나 지역아동센터의 아동 오케스트라와 함께 콘서트 여행을 떠나는 것이다. 시각예술가와 함께 미술여행을 다녀왔다면 여행 중 느끼는 생각과 감정을 그림 이야기로 만들어 전시회를 열기도 한다. 음악과 미술 외에 다양한 장르의 문화예술과 여행이 결합된 새로운 형태의 여행 이야기도 나올 수 있을 것이다.

희망여행은 문화예술 영역으로 그 범위를 확장하는 것에 그치지 않고, 다시 한 번 글로벌로 넓혀간다. 인간의 영혼까지 구원하는 여행의 지속가능성을 담보하기 위해 유엔의 지속가능발전목표SDGs에도 집중하는 것이다. 전 인류가 공동으로 해결해야 할 17개 과제에 대해서 각 분야 전문가들의 재능을 활용하여 새로운 솔루션을 제공하는 프로젝트가 'GW Goodwill for the World 프로젝트'다. 예를 들어 최근 팔라우의 환경오염 문제를 해결하기 위해 크리에이티브 솔루셔니스트, 인문학자, 건축가, 미디어 아티스트, 사진과 영상 전문가, 수중촬영 전문가, 여행 전문가 등으로 프로젝트 팀이 구성되었다. 이들이 현지를 구석구석 돌아보고 개인의 역량에 맞는 솔루션을 만들어내는데, 이 솔루션을 현지에 전달하여 실용화하고, 지속가능성을 담보하기 위한 수단으로 활용되도록 함께 고민하고 있다.

그 밖에 관광인재 육성을 위한 투어챌린저(대학생)와 투어챌린저 하이스쿨(특성화 고등학교)이 있다. 여러 지역의 관광 전공자들이 관광업에 대한 살아 있는 교육을 받고 현지 체험학습, 협동을 통한 미션을 수행하는 등 미래를 준비하도록 돕는 장학 프로그램이다. 2019년 현재 14기를 맞은 이 프로그램의 참가자는 하나투어 공개채용에 지원했을 때 서류심사를 면제받을 수 있어, 참가자 개인에게는 채용 과정에서의 혜택, 기업 입장에서는 우수 인재 확보라는 1석2조의 효과가 있다. 이외에도 선후배 간의 네트워킹으로 인턴이나 아르바이트 기회, 취업 등의 분야에서 기대 이상의 시너지가 나타나고 있다.

또한 이주노동자와 다문화가정의 아이들로 구성된 농구단 '글로벌 프렌즈'가 있다. 농구하면서 친구도 사귀고 미래 한국의 인재로 성장해나가기를 바라는 마음에서 조직한 단체이다. 매주 정기훈련을 하며 방학 때는 전지훈련을 간다. 또 프로농구 경기를 관람하기도 한다. 2013년에는 다문화가정의 어린이 농구대회가 개최되었다. 처음에는 전국대회라는 타이틀이 무색하게 4개 팀만 참가했지만, 점차 남·녀·초·중등부로 확대되었다. 2018년에는 장애청소년부를 신설해 9개 부문 총 84개 팀이 4일 동안 열띤 경쟁을 벌였다. 우승팀에게는 해외 전지훈련의 기회를 제공한다.

여행을 즐기는 사람들은 누구나 여행을 통해 CSR에 동참할 수 있다. '볼런투어voluntour'가 대표적이다. 볼런투어는 'volunteer(봉사)'와 'tour(여행)'의 합성어다. 예를 들어 5일간의 여행 중 하루 또는 반나절 동안 현지에서 봉사활동을 하는 것이다. 볼런투어를 예약하는 경우 1인당 1달러씩 적립하게 된다. 이 기금은 현지에 기부되어 지속가능한 볼런투어가 되도록 돕는다. 그래서 '1달러의 기적'이라 불리기도 한다.

지속가능은 가능한가?

4. Do Not FORGET: History

역사를 잊은 민족에게 미래는 없다

——

"역사를 잊은 민족에게 미래는 없다." 독립운동가이자 역사학자였던 단재 신채호 선생이 말했고, 윈스턴 처칠도 그런 말을 했다. 대한민국은 반만 년의 역사를 가지고 있다. 그 깊이와 방대함은 범접할수 없다. 앞으로도 후손들이 지속적으로 발굴하고 지켜나가야 할우리의 역사다. 동북공정과 같은 일이 진행되지 않도록 외교적 노력도 기울여야 할 것이다. 너무나 빠르게 변화하는 시대에 미래를 대비하기도 바쁘다는 핑계나, '역사는 역사학자들의 영역'이라는 변명은어쩌면 당연하게 들릴지 모른다. 그러나 생각해보면 상하이에 임시정부를 세우고 목숨 바쳐 조국의 독립을 외치던 것이 불과 100년 전의 일이다. 우리는 지난 100년 사이 비약적인 경제 성장과 사회 발전을 경험했다. 국민소득 3만 달러 시대를 살고 있는 세대들이 역사에대해 알아야 하고 미래를 위해 책임의식을 가져야 할 이유는 수없이많다.

최근 100년의 역사를 촘촘히 들여다보고 이해하기를 제언한다. 그저 과거로 치부해버리기엔 무수한 교훈과 지혜가 남아 있다. 전 국민이 동참했던 3·1운동으로 말미암아 대한민국 임시정부가 수립된 지 100년이라는 역사가 주는 울림은 매우 크다. 역사를 보는 눈이 필요한 시대다. 역사를 보는 눈을 가져야만 새로운 미래를 열 수 있다. 우리가 지향해야 할 미래가 대한민국 임시정부의 임시헌장에 담겨 있다.

대한민국 임시정부 임시헌장

제1조 대한민국은 민주공화제로 한다.

제2조 대한민국은 임시정부가 임시의정원의 결의에 의하여 통치한다.

제3조 대한민국의 인민은 남녀, 귀천 및 빈부의 계급이 없고 일체 평등하다.

제4조 대한민국의 인민은 종교, 언론, 저작, 출판, 결사, 집회, 통신, 주소 이전, 신체 및 소유의 자유를 가진다.

제5조 대한민국의 인민으로 공민 자격이 있는 자는 선거권과 피선거권이 있다.

제6조 대한민국의 인민은 교육, 납세 및 병역의 의무가 있다.

제7조 대한민국은 신神의 의사에 의해 건국한 정신을 세계에 발휘하고, 나아가 인류문화 및 평화에 공헌하기 위해 국제연맹에 가입한다.

제8조 대한민국은 구황실을 우대한다.

제9조 생명형, 신체형 및 공창제를 전부 폐지한다.

제10조 임시정부는 국토 회복 후 만 1개년 내에 국회를 소집한다.

지속가능은 가능한가?

제1조에서 조선왕조의 복원이 아닌 민주공화제의 나라를 세우겠다는 큰 비전을 100년 전에 이미 제시했다는 사실에 놀라움을 금할 수 없다. 제3조에서는 지금도 논쟁 중인 사회적·문화적 이슈들에 대해 이미 선포하고 있다. 모두가 평등하다는 것이다. 국민을 '개돼지' 취급하는 망언이나, 상식 이하의 갑질을 넘어 계급질이라고까지 표현되는 사건들이 벌어지고 있는 지금의 현실을 생각하면 씁쓸할 따름이다. 이후 충칭에서 선포한 대한민국 건국강령(22조)은 더 진보적이고 개혁적이며, 현재 논쟁 중인 현대 사회의 문제에 대해서도 구체적인 항들을 담고 있다. 그러나 대한민국 임시정부의 염원은 아직도 이루어지지 않고 있다.

한성에서 임시정부가 선포된 이후 상하이에서 연해주까지 전개된 독립운동은 그 어떤 영화보다 드라마틱하다. 노블레스 오블리주의 CSR 정신을 보여주는 이야기도 많다. 독립유공자인 최진동, 최운산, 최치흥 삼형제의 이야기가 그렇다. 만주 최고의 부자였던 그들은 사업으로 벌어들인 막대한 재산을 팔아 군대를 조직하고 독립군을 양성하는 데 사용했다. 현재 중국과 국내에 흩어져 사는 그들의 후손들은 어렵게 살면서도 독립운동가인 할아버지의 역사를 잊지 않고 있다. 이들의 이야기는 사회적 문제로 인식되어야 하며, 정부와 사회가 앞장서서 해결해야 하는 공동의 과제다. 또한 여행과 역사의 관계는 떼려야 뗄 수 없다. 독립운동가들의 발자취를 더듬어 보존하고 널리 알려야 한다.

CSR이 다크투어리즘을 만날 때
—

'다크투어리즘'이라는 용어는 1996년 『국제문화유산연구저널 *International Journal of Heritage Studies*』라는 잡지의 특별호에서 처음 사용되었다. '전쟁·학살이나 재난·재해가 일어났던 장소를 돌아보는 여행'이다. 국립국어원은 '역사교훈여행'이라고 명시하고 있다. 이처럼 비극적인 장소를 돌아보기 때문에 다크투어리즘은 무겁고 숙연한 마음이 들게 한다. 여행은 신나고 즐거워야 하는데 기분이 가라앉지 않을까 걱정하여 회피하는 경향도 있는 듯하다. 그러나 희로애락을 모두 경험하는 것이 여행이다. 즐거움만 있어야 하는 것은 아니다. 팩트를 정확히 이해하고 역사의 교훈을 얻는 것도 얼마든지 여행의 의미가 될 수 있다.

예를 들어 9·11 테러가 벌어진 뉴욕의 그라운드 제로Ground Zero는 새로운 관광명소가 되었다. 그곳에서는 무너진 트윈 타워가 새겨진 티셔츠와 오사마 빈 라덴의 얼굴이 있는 화장지를 판매한다. 고통과 충격의 상징적 장소를 상업적으로 이용한다는 비난도 있지만 긍정적인 측면도 있다. 사건의 배경을 이해하고 희생자들을 추모하며 테러에 대한 경각심을 갖거나 기부 등 자기 나름의 방법으로 재발 방지에 참여한다는 점에서다. 기부금은 현장을 보존하고 발전시켜 나가는 데 쓰이기 때문에 또 다른 지속가능성의 의미를 가진다. 현재 그라운드 제로의 방문자 수는 메트로폴리탄미술관(연간 630만 명)과 자유의 여신상(연간 430만 명) 방문자 수에 근접하고 있다.

전쟁의 역사를 보면 다크투어리즘의 현장이 유독 많은 것을 알 수 있다. 나치의 만행이 고스란히 남아 있는 폴란드의 아우슈비츠 수용소나 프랑스의 오라두르쉬르글란Oradour-Sur-Glane은 방문객이 연간 수백만 명에 이른다. 네덜란드에 있는 안네 프랑크의 집을 방문하는 사람은 연간 130만 명에 달한다. 캄보디아 킬링필드를 찾은 수백만 관광객은 어두운 역사의 현장을 돌아보며 새로운 시각을 갖는다. 원자폭탄이 투하됐던 일본의 히로시마와 나가사키에도 많은 관광객이 몰리고 있다.

그 외 인간 존재의 가벼움을 느낄 수 있는 곳들도 있다. 화산폭발로 사라진 이탈리아 폼페이가 대표적이다. 우크라이나의 체르노빌도 다크투어리즘의 장소가 되고 있다. 최악의 방사능 누출 사고로 죽음의 땅이었던 곳이지만 방사능 수치가 낮아지면서 현장을 둘러보는 투어가 생겨났다.

우리도 식민지와 전쟁을 겪었기에 다크투어리즘의 현장이 많다. 대표적으로 서대문형무소 역사관이 있다. 5·18민주묘지, 거제포로 수용소, 제주 4·3평화공원이 있으며, 최근 남북한 사이에 통일의 기운이 고조되면서 많은 사람들의 관심을 끄는 비무장지대가 있다. 특히 비무장지대는 통일 후에 다크투어리즘 관광명소로 더욱 각광받을 것으로 기대된다.

"아는 만큼 보인다"라는 말이 있다. 최근 예쁜 카페와 콘셉트 있는 레스토랑들로 젊은 층과 외국인들에게 인기 있는 서울 종로구 익선동도 그 역사적 배경을 알면 다크투어리즘의 장소가 될 수 있다. 조선 25대 왕 철종(재위 1849~1863)이 왕위에 오르면서 당시 정선방이던 이곳에 누동궁을 짓고 그의 이복형인 영평군에게 살게 했다고 한다. 누동궁은 건축 양식이 독특하고 익랑이 장대했다고 한다. 그래서 시종들이 그곳을 '익랑골'이라고 불렀는데, 이것이 나중에 '익랑동'으로 불렸고, 다시 '익동'으로 불리게 되었다. 그러다가 1910년 10월 조선총독부가 토지개편을 하면서 익동의 '익'자와 정선방의 '선'자를 따서 익선동으로 바꿨다고 한다.

이곳에는 또한 독립운동가의 숨결이 숨어 있다. 익선동은 대한민국 최초의 부동산 개발업자인 정세권(1888~1965)에 의해 개발되었다. 1940년대 일제의 탄압으로 사업이 중단될 때까지 가회동, 계동,

지속가능은 가능한가?

삼청동 등에 연간 300여 채의 중소형 한옥을 지었다. 요즘 식으로 말하자면 뉴타운을 만든 셈이다. 당시 한옥이 지어지지 않았다면 우리 한옥의 맥은 끊어졌을 것이라는 평가도 있다. 정세권 선생은 이곳에 독립운동가들을 숨겨주고 어려운 서민들을 위한 집을 짓는 데 헌신했다. 이후 1942년 조선어학회 사건에 휘말려 거의 전 재산을 일제에 강탈당하고 건축 면허도 취소됐다. 집안은 완전히 몰락했고 사업으로 재기할 수 없는 상황으로 내몰렸다. 이러한 역사 이야기가 숨어 있는 곳이 익선동이다. 이런 역사를 이해한다면 조금은 다른 시선과 감정으로 그 장소를 보게 되지 않을까. 최근 북촌과 서촌에 이어 익선동이 서울의 세 번째 한옥마을로 지정되어 개발계획이 발표되었다. 익선동이 어떤 식으로 개발될지, 그리고 사람들과 자본이 몰리면서 원래 살던 주민들이 점점 밀려나는 젠트리피케이션gentrification 문제는 어떻게 해결할지 걱정이 앞선다.

현재 우리가 쓰는 말과 글에 대해 이야기해보자. 훈민정음을 창제한 세종대왕의 업적은 삼척동자도 다 안다. 그러나 식민지시대를 겪으며 탄압받던 우리의 정신인 말과 글을 보존하기 위해 격렬한 투쟁을 벌인 '조선어학회'는 국사 시간에 잠깐 배울 뿐이다. 영화 〈말모이〉는 그들의 활약상을 재미와 감동으로 그려낸 작품이다. 우리가 숨 쉬듯 당연하게 우리말과 우리글을 사용하는 일이 누군가의 목숨을 건 헌신 덕분에 가능한 것이라면? 다시 한 번 강조한다. '아는 만큼 보이고, 보이는 만큼 느끼고, 느끼는 만큼 성장하는 것'이 여행이다. 그것이 바로 다크투어리즘이 필요한 이유이기도 하다.

지난해 목포를 방문한 적이 있다. 그 지역에서 문화예술 활동을 진행하는 시민단체들을 자문하기 위해서였다. 목포 구석구석을 돌아보고 해설사를 통해 많은 이야기를 들으며 놀라지 않을 수 없었다. 지역의 30퍼센트 정도가 빈집일 정도로 쇠락한 원도심에는 엄청난 근현대사의 유산들이 나뒹굴고 있었다. 목포의 역사성과 희소성에도 불구하고 그렇게 방치된 모습을 보고 눈물이 날 지경이었다. 많은 예산을 들여 여러 번의 정책적 시도를 했지만 제대로 활성화하기에는 역부족인 듯했다. 목포의 숭고한 역사와 의미를 지키고 건축물과 유물들을 온전히 보존하기 위해서는 새로운 스토리텔링이 필요하다. 다크투어리즘 측면에서 많은 사람들이 직접 배우고 느낄 수 있는 새로운 관광명소로 거듭나야 한다. 이를 통해 지역경제가 살아나고 문화재 보존에 필요한 예산을 확보할 수 있는 지속가능한 목포가 될 것이다.

이제 누군가가 아닌 바로 나 자신과 여러분, 그리고 우리가 역사를 바로 알고 그 현장을 발굴하는 것이 공동으로 이룩해야 할 사회적 가치이자, 지속가능한 관광자원의 개발이다. 아는 만큼 더 깊어지는 여행의 참맛을 느끼면서 말이다.

　　　　　　　　　　　　지속가능은 가능한가?

Chapter 4.
Social Impact

글로벌 기업의
사회적 가치 창출과 확산

Creation and Spread of Social Values
of Global Companies

장헌주
한국딜로이트그룹 커뮤니케이션 전략실장

신문방송학을 전공하고, 스물셋에 잡지사 수
습기자를 시작으로 험한 세상과 연을 맺었다.
광고대행사, 홈쇼핑 TV를 거쳐 다시 언론사로
컴백할 때까지, 제 앞가림에 바빠 CSV는 그저
남다른 삶의 철학 정도로 여겼다. 현재는 글로
벌 회계·컨설팅 기업 딜로이트 코리아에서 브
랜드와 커뮤니케이션 실무총괄을 맡고 있다.
기자 생활 마지막에 만들었던 월간지에서 '노
블레스 오블리주' 꼭지를 담당하게 된 것을 계
기로 더불어 사는 사회에 대한 소박한 고민을
시작했고, 현재는 딜로이트의 조직원이자 지
구 시민의 한 사람으로 지속가능한 사회를 만
들기 위한 작은 발걸음을 이어가는 중이다.

Intro. '착한 기업의 여부는 소비자가 판단한다.' 소셜 임팩트는 이 명제에서 출발한다

4차 산업혁명 시대에는 소비자들이 더 높은 잣대를 가지고 기업의 역할을 요구할 것이다. 사회문제를 해결하는 데 있어서도 마찬가지다. 이에 따라 글로벌 기업들은 CSR 경험을 축적하고, 더 나아가 미래 지향적인 CSV 실행에 이미 착수했으며, 한국 기업들도 서두르고 있다.

기업의 경영전략 패러다임이 이같이 변화하는 데는 이해관계자들이 훨씬 다양해졌을 뿐만 아니라, 사회·환경 같은 비재무적 요소들이 기업 가치를 평가하는 중요한 기준이 되었기 때문이다. 딜로이트 Deloitte의 최근 밀레니얼 서베이Millennial Survey 결과에 따르면, 응답자의 89퍼센트가 "사회적·환경적 이슈에 관심을 가지고 지원하는 기업의 상품을 구매하고 싶다"라고 답했으며, 65퍼센트는 "제품을 구매할 때 CSR 이슈를 고려한다"라고 답했다.

애플의 제품을 OEM(주문자상표부착방식)으로 생산하는 중국 업체 폭스콘Foxconn의 노동자들이 초과노동, 저임금 문제로 투신자살하는 사건이 잇달아 일어났다. 이후 중국과 대만의 공장에서 노동착

취, 미성년자 불법 연장노동 등의 이슈가 계속해서 제기되고 있다. 시민단체들이 폭스콘을 지속적으로 모니터링한 결과다. 그런데 반복되는 노동환경 이슈는 비단 폭스콘 문제에 머물지 않았다. 소비자들과 시민단체들은 문제 해결에 적극 나서줄 것을 원청기업인 애플사에 요구했다. 협력사의 이슈가 브랜드의 리스크 요인이 되면서 애플은 공급망 전반에 대한 관리 책임에 대해 도전을 받고 있다.

이처럼 깐깐해진 소비자들의 윤리적 소비ethical consumption*를 더 이상 외면하지 못하게 된 것은 콧대 높았던 세계적인 명품 브랜드들도 마찬가지다.

1990년대 후반에 일찍이 윤리적 소비 노선을 표방한 브랜드도 있었지만, 2016년을 기점으로 글로벌 명품 브랜드인 조르지오아르마니, 구찌, 베르사체, 마이클코어스 등의 '퍼프리Fur-free 선언'이 도미노처럼 이어졌다. 2018년에는 버버리와 코치가 가세했다. 퍼프리는 제품 생산에 동물 모피를 쓰지 않겠다는 것이다. 버버리는 토끼, 여우, 밍크, 라쿤, 앙고라 등에서 얻었던 원자재의 사용을 일체 중단하겠다고 발표했다. 마르코 고베티Marco Gobbetti 버버리 CEO는 한 언론과의 인터뷰에서 "현대적 의미의 럭셔리는 사회적으로, 환경적으로 책임

---

* 인간이나 동물, 환경에 해를 끼치는 상품은 피하고, 환경과 지역사회에 도움이 되거나 공정무역을 통해 만들어진 제품을 구매하자는 소비운동.

지속가능은 가능한가?

의식을 가지는 것이며, 이 같은 믿음은 브랜드의 핵심이자 장기적 성공의 필수요소'라고 강조했다. 버버리는 2017년 지속가능한 협력사들과 '5년 책임 프로그램'을 기획하고, 브랜드 가치를 지키기 위해 시즌이 지난 재고 상품을 폐기하는 행위를 중단하겠다고 발표했다. 재고를 불태워 없애는 대신 재활용 또는 기부로 전환하고 신소재 개발에 투자하는 노력을 보여준 결과, 버버리는 다우존스 지속가능성 경영지수DJSI에 3년 연속 선정되기도 했다.

이처럼 세계적인 명품 브랜드들은 기업의 사회적 책임과 윤리에 대한 소비자들의 요구를 받아들임으로써 '돈 많은' 핵심 소비자들의 니즈를 포기했다. 소비자의 마음을 얻기는 어렵다. 리스크 이슈라도 발생해 한 번 돌아선 소비자의 마음을 되찾아 오기란 하늘의 별 따기만큼이나 어렵다. 언론에 심심찮게 등장하는 기업 오너의 '갑질'이 소비자들의 불매운동으로 이어지는 일이 더 이상 낯설지 않다. 바야흐로 '착한 기업'이 되겠다고 자청해도 그 기업을 착한 기업으로 받아들일지 말지는 소비자가 결정하는 세상이 되었다. 따라서 기업 총수는 물론이거니와 사회공헌 담당자들의 고민도 커질 수밖에 없다.

이쯤 되면 기업 사회공헌팀 담당자들의 입에서는 "그럼 어쩌라고?"라는 탄식이 나올 것이다. 4차 산업혁명 시대에 맞는 CSV는 대체 무엇이란 말인가. 이 질문에 대한 힌트를 얻으려면 먼저 글로벌 기업들의 사례를 찾아볼 필요가 있다. 다음에 소개하는 글로벌 기업들의 사례는 CSV 전략의 출발인 지향점purpose을 정립하는 데 도움이 될 것이다.

지속가능은 가능한가?

1. 글로벌 기업에서 '경험'과 '매뉴얼'을 배워라!

기업의 사회적 책임을 일종의 의무처럼 여기던 시대에는 기업에 몸 담고 있는 구성원들의 '의무'도 덩달아 강요되었다. 한 조사에서는 한 국 기업 직원들의 사회공헌 활동 참여 비율이 글로벌 기업에 비해 높 다는 '뜻밖의' 결과가 나왔다. 하지만 실상은 다르다. 한국 기업들의 사회공헌 활동은 주로 '경영진이 방향을 제시하면 구성원들이 의무 적으로 참여'하는 방식으로 진행되어왔던 것이다.

2019년 CSR 4.0 시대에는 리더의 적극적인 물적 지원이 직원들의 역량과 시너지를 촉진하고, 지역사회 또는 국가, 더 나아가 지구촌의 문제를 더 적극적으로 해결하는 방식이 대세다. 이를 위해서는 리더 와 구성원들 사이의 '공감대' 형성이 선행돼야 한다. 이것이 지향점 purpose의 일치다. 애초에 사회공헌 활동의 지향점이 다르다면 구성원 들이 진정성을 발휘할 리 만무하다. 혁신적인 아이디어는 딥다이브 deep dive 상태에서 나오며, 이는 진정한 고민의 시작을 의미한다.

롤모델로 꼽히는 글로벌 기업들의 공통점은 '지속가능한 기회'를 구성원들에게 제공한다는 것이다. 직원들은 자신들이 가장 '잘하는' 분야에서 내부적 또는 전문가 조직이나 지역사회와의 협업을 통해 지속가능한 사회를 만들기 위해 함께 고민하게 된다.

지속가능한 상생의 롤모델_네슬레의 '코코아 플랜'·'네스카페 플랜'

———

　코코아 제품으로 유명한 스위스의 세계적인 식품회사 네슬레는 2017년 핸드드립 커피 전문 브랜드인 블루보틀Blue Bottle을 인수했다. 2019년 한국에도 블루보틀 1호점이 생겼다. 우유와 유아식품으로 출발한 네슬레는 커피 시장에서 확실한 자리매김을 했고, 현재는 반려동물 사료를 비롯해 미네랄워터, 과자 등 28만여 개의 품목을 생산하는 거대기업이다.

　네슬레는 비교적 일찍 CSV 개념을 도입했다. 1990년대에 비즈니스 포트폴리오 변화를 시도한 것을 계기로, 종전의 식음료 회사에서 탈피해 '영양nutrition, 건강health, 웰니스wellness 추구'라는 새로운 기업 가치를 천명했다.

　이때 네슬레는 '신의 한 수'를 두게 된다. 사회적 문제를 해결하는 데 앞장서는 기업으로 거듭나기 위해 공유가치 창출이라는 방법론을 도입한 것이다. 당시 네슬레는 가장 중요한 원료인 코코아의 공급 문제를 해결하기 위해 4억 2000만 달러를 과감하게 투자했는데, 이

것이 이른바 '코코아 플랜Cocoa Plan'이다. 네슬레는 토지와 자금이 부족한 영세농가를 대상으로 기술교육은 물론 자금까지 지원했고, 나아가 농가의 판로 개척을 적극적으로 도왔다. 그 결과 네슬레는 품질이 우수한 코코아 원료를 확보하고, 영세농가들은 수익을 창출해 가난에서 벗어날 수 있었다.

상생을 경험한 네슬레는 2010년 커피농장을 대상으로 유사한 프로젝트를 추진했다. 바로 '네스카페 플랜NESCAFÉ PLAN'이다. 네슬레 직원들이 5년 동안 전 세계 14개국에 있는 3만여 곳의 커피농장을 직접 방문해 병충해에 강한 커피나무 묘목 7만여 그루를 공급했다. 이역시 '누이 좋고 매부 좋은' 결과를 도출했다. 커피농가는 양질의 묘목을 제공받았고, 네슬레는 품질 좋은 커피 원료를 공급받을 수 있었던 것이다. 농가 소득이 향상됐음은 물론이다.

4차 산업혁명 시대형 소셜 임팩트 프로젝트
_『포춘』이 발표한 'CHANGE THE WORLD' 선정 기업들의 지향점

———

홍보 및 사회공헌 실무자들이 리더로부터 사회공헌 프로젝트 기획을 요구받을 때 가장 먼저 맞닥뜨리는 질문이 있다. 바로 "우리 회사의 업業과 어떻게 연결시킬 것인가"이다. 사회공헌 활동을 할 때는

무엇보다 현재 업으로 삼고 있는 '일'과의 연관성이 중요하다. 예를 들어 컴퓨터 기술자에게는 요양원 어르신 돕기 봉사활동보다는 저소득층 가정의 초등학생 자녀를 위한 코딩 교육이 시너지 창출 면에서 훨씬 효율적이다.

사회적으로 선한 영향력을 미치는 프로젝트Social Impact Project를 기획하고 진행하는 경우, 구성원들의 동의를 이끌어내고 나아가 그 활동이 일회성이 아닌 지속가능한 활동으로 자리 잡기 위해서는 구성원 개인(또는 구성원 집합체)과 기업의 지향점이 일치해야 한다. 나와 지향점이 다른 소셜 임팩트 프로젝트 활동에 기꺼이 시간을 투자할 직원은 그리 많지 않다. 그 기업이 전문가로 구성된 집단이라면 더더욱 그렇다.

2019년 현재, 어느 누구도 피해 갈 수 없는 화두는 '4차 산업혁명'이다. 기업들은 앞다퉈 4차 산업혁명형 소셜 임팩트 프로젝트를 찾고 있다. 하지만 4차 산업혁명이라는 개념조차 익숙지 않은 실무자들에게 '4차 산업혁명 시대에 걸맞은' 프로젝트를 기획하라는 요구는 우물가에서 숭늉을 찾는 일이나 다름없다.

단기·장기적 사회공헌 프로젝트를 당장 기획해야 하는 실무자라면 『포춘』이 해마다 발표하는 '세상을 바꾸는 혁신기업Change the World'

에서 힌트를 얻어보길 권한다.

2017년 CJ대한통운이 국내 기업 가운데는 최초로『포춘』의 '세상을 바꾸는 혁신기업' 38위에 선정되었다.『포춘』은 선정 배경을 설명하면서, CJ대한통운의 '실버택배'가 글로벌 사회문제로 대두되고 있는 노인 일자리 창출과 노인 빈곤문제 해결에 기여했다고 평가했다. 이 역시 기업의 '업'과 전문성을 기반으로 새로운 고객 서비스를 제공해 공유가치를 창출한 좋은 예다.

『포춘』은 비영리 사회적 영향력 평가기관, 기업, 학계 전문가들과 협업해 매년 9월 '세상을 바꾸는 혁신기업' 50여 곳을 선정하고 있다. 선정 기준은 기업의 혁신 참여도, 측정 가능한 사회적 임팩트, 핵심 비즈니스를 활용한 사회적 영향력이 있는 혁신, 비즈니스 전반에 걸친 공유가치 실현을 위한 기여도 등이다.

간단히 말해 '세상을 바꾸는 혁신기업'은 사회와 환경에 긍정적인 영향을 미치고, 이익의 사회 환원을 기업의 핵심 비즈니스 전략으로 삼는 기업이다. 이를 달리 표현하자면 '4차 산업혁명 시대에 맞는 공유가치를 창출하는 기업'이라고 할 수 있다. 아마도 마지막 정의가 기업 홍보 또는 사회공헌 실무자들에게는 '실감나는' 정의가 될 것이다. 또한 유엔의 지속가능발전목표SDGs의 17개 의제와 연결되는 가장

'핫한' 정의이기도 하다.

2018년 『포춘』의 '세상을 바꾸는 혁신기업'에는 57개 기업이 이름을 올렸다. 아래의 표에서 상위 20위 안에 오른 주요 기업들을 살펴보면 글로벌 기업들의 트렌드를 엿볼 수 있다.

순위	기업	분야	국가
1	릴라이언스 지오Reliance Jio	Telecommunications	인도
2	머크Merck	Pharmaceuticals	미국
3	뱅크 오브 아메리카Bank of America	Commercial Banks	미국
4	인디텍스Inditex	Specialty Retailers	스페인
5	알리바바그룹Alibaba Group	Internet Services & Retailing	중국
6	크로거Kroger	Food & Drug Stores	미국
7	자일럼Xylem	Industrial Machinery	미국
8	ABB	Industrial Machinery	스위스
9	웨이트워처스 인터내셔널 Weight Watchers International	Business Services	미국
10	휴즈 네트워크 시스템 Hughes Network Systems	Network & Other Communications	미국
11	다논Danone	Food Consumer Products	프랑스
12	알파벳Alphabet	Internet Services & Retailing	미국
13	웨스파머스Wesfarmers	Food & Drug Stores	호주
14	브라스켐Braskem	Chemicals	브라질

지속가능은 가능한가?

순위	기업	분야	국가
15	인텔Intel	Semiconductors	미국
16	월마트Walmart	General Merchandisers	미국
17	VM웨어VMware	Computer Software	미국
18	JP모건체이스JPMorgan Chase	Commercial Banks	미국
19	사파리콤 / 보다폰 Safaricom / Vodafone	Telecommunications	미국
20	존슨앤존슨Johnson & Johnson	Pharmaceuticals	미국

1위 릴라이언스 지오_경제적 기회/재정적 포용 부문
_최저가 모바일폰 · 최저가 서비스로 인도에 '디지털 산소' 공급

영예의 1위는 세계에서 가장 빠르게 성장하는 디지털 서비스 플랫폼 기업이자, 인도에서 가장 많은 이용자를 확보하며 최대 통신기업으로 눈부시게 성장하고 있는 릴라이언스 지오Reliance Jio Infocomm Ltd. (이하 지오)가 차지했다.

2016년 여름, 유엔은 인터넷 접근을 기본 인권 중 하나로 발표했다. 그해 9월 비즈니스를 시작한 신생기업 지오의 회장 무케시 암바니Mukesh Ambani는 "대중에게 디지털 산소digital oxygen를 제공하겠다"라고 야심차게 발표했다.

세계에서 두 번째로 많은 인구를 자랑하는 인도는 2년 전만 해도 2G 모바일폰 사용자가 대부분이었고, 보통 데이터 1기가를 사용하려면 200루피(2.88달러)나 되는 비용을 지불해야 했다. 13억 인구 가운데 모바일 인터넷 가입자 수는 1억 5300만 명이었다. 그런데 지오의 혜성 같은 등장에 힘입어 4G 네트워크 사용은 물론 무료통화 혜택까지 누리게 된 것이다.

지오는 데이터 1기가 사용료를 4센트로 낮추는 파격적인 서비스를 제공한 데 이어, 초저가 스마트폰 공급에 앞장서면서 고정 광대역 서비스를 제공하고 있다. 지오는 이 같은 혁신적이고 획기적인 서비스를 제공한 지 22개월 만에 2억 1500만 명의 가입자를 확보했다. 그 결과 2017년 '세계에서 가장 급성장하는 디지털 서비스 플랫폼 회사'로 인정받았다.

기본 인권이 된 인터넷 접근 환경을 획기적으로 개선한 지오는 그들이 약속했던 '디지털 산소' 공급의 혁신성과 기여도를 인정받았다. 지오는 농부, 학생, 사업가 등의 디지털 접근권을 제한하는 '벽'을 무너뜨리며 인도 디지털 경제를 견인하고 있다.

무케시 암바니 릴라이언스 지오 회장은 2016년 9월 "대중에게 디지털 산소를 공급하겠다"라고 발표했다. ⓒ릴라이언스 지오 홈페이지

4위 인디텍스_인권/사회 정의 부문_안전하지 않은 공장은 퇴출하라

스페인 기업인 인디텍스Inditex는 자라ZARA를 비롯해 자라홈, 풀앤베어, 버쉬카, 마시모두띠, 스트라디바리우스 등 10여 개의 SPA 브랜드를 소유한 거대 의류기업이다. 2018년 현재 전 세계 17만 명의 임직원이 근무하고 있으며, 90여 개 국가에 6000개가 넘는 매장을 보유하고 있다.

의식 있는 소비자들은 당연히 안전한 노동환경에서 만들어진 옷을 입고 싶어 할 것이다. 인디텍스는 의류 생산공장의 안전기준을 꾸준히 상향조정하면서 더욱 안전한 공장으로 공급업체를 변경했다.

10여 개의 SPA 브랜드를 보유하고 있는 스페인의 의류기업 인디텍스는 2012년부터 꾸준히 생산공장을 더욱 안전한 곳으로 옮겨왔다. 동시에 공장 노동자의 85퍼센트를 차지하는 여성들에게 여성 권리보호 교육을 지속적으로 실시하고 있다. ©인디텍스 홈페이지

인디텍스의 까다로운 안전기준을 충족하지 못하는 공장은 퇴출이라는 직격탄을 맞았다. 그 결과 2017년에는 95퍼센트(2012년 80퍼센트 수준)의 제품이 더 안전한 공장에서 생산됐다. 인디텍스는 기업이 윤리 기준을 강화한다고 해서 기업 재정이 나빠지는 것(즉 '적자')은 아님을 보여주었다. 오히려 2012년부터 연평균 7퍼센트의 매출 성장률을 기록하고 있다. 인디텍스는 안전한 공장의 생산환경을 중시하는 것은 물론, 생산 직원의 85퍼센트를 차지하는 여성 노동자들을 대상으로 성차별에 대한 인식, 여성의 권리와 가치 보호에 관한 교육도 실시하고 있다.

5위 알리바바그룹_경제적 기회/재정적 포용 부문
_낙후된 농촌지역에도 돈이 모이게 하라

———

17년 전 고작 18명의 직원으로 시작한 알리바바그룹Alibaba Group은 현재 중국 전자상거래 시장점유율 80퍼센트를 차지하는 공룡기업으로 성장했다. 현재 직원 수는 6만 6000명을 상회한다. 매일 전 세계에서 1억 명이 상품을 구매한다는 전자상거래 기업 알리바바는 명실상부한 중국의 대표적인 기업 가운데 하나다. 알리바바 역시 성장하는 기업에 걸맞게 기업의 사회적 책임에 관심을 갖기 시작했다.

알리바바는 『포춘』 선정 2018년 '세상을 바꾸는 혁신기업' 5위에 올랐다. 알리바바는 인기 있는 내비게이션 서비스인 오토-나비Auto-Navi를 이용해 허난성의 이른바 '빈곤 경감 지도poverty alleviation map'를 만들었다. 낙후된 농촌지역으로 돈이 모이게 하겠다는 발상이었다. 빈곤 경감 지도는 시골마을의 일일 관광객 유입을 촉진하기 위해 고안되었다. 사용자들은 내비게이션을 통해 해당 지역에서 이용할 수 있는 시설, 예컨대 레스토랑, 주유소, 상점 등을 확인하고 안내받을 수 있다. 알리바바는 이 같은 지원을 통해 지역 상인들을 돕는 동시에 그들에게 온라인 진출 기회도 제공하고 있다.

이 밖에도 알리바바는 타오바오 프로그램Taobao program을 통해 농

알리바바가 주최한 타오바오 마켓 축제. 알리바바는 저소득 농촌과 도시 간의 거래 활성화를 지원하고 있다. ⓒ알리바바 홈페이지

촌지역 소비자들이 도시 상품과 서비스에 보다 쉽게 접근할 수 있도록 돕는 한편, 농촌지역 상인들이 그들의 상품을 도시에서 판매할 수 있도록 지원하고 있다. 또한 낙후된 농촌지역의 온라인몰 창업자들이 알리바바의 소매시장에서 상점을 여는 것을 지원함으로써 그들의 소득 수준을 끌어올리는 데 일조하고 있다.

지속가능은 가능한가?

12위 알파벳_교육/발굴 부문
_공책과 필기구가 사라진 '구글 클래스룸'의 공교육 혁명

글로벌 리서치 업체 퓨처소스 컨설팅Futuresource Consulting에 따르면 2017년 미국 K-12학교*에서 사용하는 PC의 60퍼센트가량이 구글 크롬북Chromebook인 것으로 나타났다. 크롬북은 200달러 안팎의 저가 랩톱 컴퓨터로(애플의 아이패드나 마이크로소프트의 디바이스 가격의 1/3 수준), 교육용 앱인 '구글 클래스룸'이 탑재돼 있다.

『뉴욕타임스』는 2017년 현재 미국 초·중등학생의 절반이 넘는 3000만 명이 구글의 무료교육용 앱을 활용해 수업을 하고 있다고 보도한 바 있다. 교실에서는 공책과 필기구가 사라졌고, 교사와 학생들은 'G메일'과 '행아웃Hangout'을 통해 질문과 답변을 주고받는다. 과제 역시 '구글 독스Google Docs'를 통해 제출하면 된다. 친구들과 공동으로 작업한 과제물은 구글 드라이브에 저장해서 공유한다.

구글의 모회사인 알파벳Alphabet은 예산이 빠듯한 공교육 현장에 파격적이고도 혁신적인 제품을 공급하면서 마진에 대한 욕심을 접었다. 하지만 구글의 혁신적인 기술력을 미래 소비자들에게 체험하

---

* K는 'kindergarten'의 머리글자로 4~6세의 교육과정을, 12는 12학년12th grade이라는 뜻으로 17~19세의 교육과정을 뜻한다. 즉 미국에서 무상교육을 받을 수 있는 연령의 시작과 끝을 표시한 것이다.

구글 크롬북을 도입한 교실에서는 노트와 필기구가 사라졌다. 과제도 구글 독스를 통해 제출한다. ©구글 블로그

게 함으로써 구글이 어떤 사회적 가치를 추구하는지, 어떠한 방식으로 선한 영향력을 미치는지 매우 명확하게 보여주고 있다.

16위 월마트_환경적 영향 부문
_'쓰레기 제로'를 위해 행동에 나선 세계 1위 유통기업

2000년대 초반부터 전 세계 매출 1위의 권좌를 지키고 있는 미국의 유통기업 월마트Walmart. 5000억 달러(2018 회계연도 기준)를 상회하는 매출을 자랑하는 월마트는 2018년 열한 번째 연례 글로벌 책임

지속가능은 가능한가?

보고서Global Responsibility Report를 발표하면서 2025년까지 다양한 활동을 통해 공유가치를 창출하는 노력을 지속할 것이라고 강조했다.

월마트는 '온실가스를 가장 많이 배출하는 기업'이라는 불명예에서 벗어나고자 10여 년 전부터 음식 쓰레기, 포장 쓰레기 등을 줄이는 노력을 꾸준히 기울여왔다. 월마트는 쓰레기 감소와 재사용을 위해 상품 공급자suppliers와 소비자customers가 '순환경제circular economy' (제품이 생산-소비-재활용되는 지속적인 고리)에 참여할 수 있도록 노력해왔다. 그 결과 2017 회계연도까지 월마트는 판매되지 못한 상품과 포장 쓰레기 등의 82퍼센트를 재사용하거나 재활용하는 데 성공했다. 이 같은 노력을 통해 지역사회에 경제적인 기회를 부여하고, 환경보호 및 사회의 지속가능성을 장려하며, 월마트 매장이 소재한 지역사회에 일자리를 제공하는 등 비즈니스와 사회를 위한 가치를 창출할 수 있었다.

월마트는 2025년까지 연간 600만 톤으로 증가할 것이라 예상되는 지구의 쓰레기를 줄이기 위해 미국, 캐나다, 영국, 일본 소재 매장에서 '쓰레기 제로'를 목표로 하고 있다. '쓰레기가 될 뻔한' 비판매 물건들의 65퍼센트를 재활용하고, 5퍼센트는 기부했으며, 5퍼센트는 동물 사료로 이용했다. 쓰레기를 분류하는 시스템의 개발부터 처리까지 전 과정에서 전문기관과 협업했다. 이 같은 노력은 비단 환경보호

월마트는 과다한 포장 재료를 줄이고, 비판매된 제품을 지역사회에 기부하거나 재활
용해 쓰레기를 대폭 줄일 수 있었다. ©월마트 홈페이지

효과에 그치지 않고, 쓰레기의 재사용과 재활용률을 높임으로써 이
윤도 챙기는 효과를 거두었다.

2. 전문인력 자원이 풍부한 기업의 대세 '프로보노'

세계 최대 회계 · 컨설팅 기업 딜로이트의 CR&S / CSR의 확장된 실현과 브랜드 저널리즘

———

'강한 기업'의 비결은 축적된 '경험experiences'과 '매뉴얼manual'에 있다. 특히 전 세계에서 동일한 브랜드를 사용하는 글로벌 기업에서 국가별, 권역별(문화권)로 다른 문화를 '같은 듯' 동일한 브랜드의 경험으로 묶어내는 작업은 녹록하지 않다.

전 세계 150개국에 28만여 명의 전문가가 근무하고 있는 회계 · 컨설팅 기업인 딜로이트의 경우에도 170여 년 동안 각 회원사의 경험이 딜로이트 전체의 경험으로 축적되면서, 업무 수행에 필요한 매뉴얼이 진화를 거듭해왔다. 그 결과 글로벌 프로페셔널 서비스 펌professional service firm이라 지칭되는 빅4* 가운데 당당히 1위(2018 회계연도 기준 매출 432억 달러)를 차지하는 '강한 브랜드'가 될 수 있었다.

———

* 딜로이트Deloitte를 비롯해, 언스트앤영Ernst & Young, 프라이스워터하우스 쿠퍼스PwC, KPMG가 이에 속한다.

딜로이트의 지주회사격인 딜로이트글로벌이 각 회원사 간의 원활한 커뮤니케이션을 바탕으로 수립한 프로젝트의 전략 및 수행 매뉴얼의 공유, 각 회원사의 프로젝트 수행 경험과 결과의 공유, 모니터링, 대내외 커뮤니케이션 같은 일련의 과정은 매우 중요하다. 이것을 CR&S^{Corporate Responsibility & Sustainability}(딜로이트는 CSR보다 한 단계 더 진화된 개념으로 사회공헌 활동의 '지속가능성'을 강조하는 CR&S라는 용어를 사용하고 있다)라고 부르는데, 사회공헌 활동의 전략 수립과 실행에서도 예외 없이 적용된다.

첨단 지식산업의 첨병 기업 가운데 하나인 딜로이트는 과거부터 지속적으로 Thought Leadership을 강조해왔다. 회계감사, 세무자문, 재무자문, 경영 컨설팅 등 프로페셔널 서비스를 제공하는 기업으로서 고객사와 자사의 지속가능 경영에 대해서도 꾸준히 강조해왔다. 더불어 지속가능한 사회라는 목표를 실현하기 위해 전문가의 사회적 책임 실천이라는 가치를 최상위에 두고, 딜로이트의 전문성을 바탕으로 '더 나은 미래'를 위한 리더십을 발휘해왔다. 예컨대 전문가 각자가 몸소 지역사회로 들어가 사회적 약자를 돕는 '프로보노^{pro bono}' 활동을 지원하고, 유엔을 비롯한 국제기구는 물론 각국의 공공 부문 및 기업들과 다양한 포럼 및 세미나를 개최했다.

딜로이트의 한국 회원사인 한국딜로이트그룹(딜로이트 안진회계법인, 딜로이트컨설팅)의 CR&S 활동 역시 딜로이트글로벌의 지향점과 궤를 같이하고 있다. 즉 고객과 지역사회, 임직원 자신에게 긍정적인 임팩트를 남기고자 하는 것이다. 전 세계 회원사는 CR&S의 철학과 큰 그림을 대내외적으로 꾸준히 인지시키며 내재화하는 과정을 밟아가고 있다.

글로벌 기업의 사례로 딜로이트글로벌과 그 회원사인 한국딜로이트그룹 및 타 회원사가 소셜 임팩트 프로젝트인 '월드클래스 WorldClass'를 수행하는 과정을 살펴보는 것은 큰 의미가 있을 것이다. 어떻게 지향점을 정립하고, 어떻게 전략과 액션플랜을 수립하고 전파하며, 실천 과정에서의 경험을 어떤 방식으로 공유하는지, 그리고 어떤 방식으로 결과를 대내외에 알리는지 간략히 살펴보고자 한다. 이 모든 과정에서 윤활유 역할을 하는 것은 소셜 미디어다.

What is WorldClass?

———

월드클래스는 2018 회계연도에 딜로이트가 범세계적으로 론칭한 소셜 임팩트 프로젝트다. 이는 회원사 전체를 대상으로 하는 캠페인성 프로젝트로, 기업의 사회적 가치 창출과 그것을 통한 시장 내 영향력 확대, 지속가능 경영의 기반을 다지기 위한 본격적인 행보의 시작이기도 했다.

월드클래스는 4차 산업혁명 시대를 맞아 미래를 충분히 대비하고 있지 않은 지구촌 사람들 5000만 명에게 2030년까지 딜로이트의 기술과 경험, 글로벌 네트워크를 활용해 지식교육과 기술교육 등을 제공함으로써 미래를 준비시키는 프로젝트다. 이것이 가장 '딜로이트 다운' 사회적 가치를 실천하는 방식이기 때문이다.

딜로이트는 이러한 글로벌 소셜 임팩트 프로젝트를 론칭하기 위해 2년여의 시간을 투자했다. 전 세계 임직원들을 대상으로 딜로이트의 존재 이유, 임직원들이 지향하는 가치에 대한 방대한 조사와 분석을 실시했다. 그 결과를 바탕으로 딜로이트의 지향점을 정립하고, 이 지향점을 전 세계 임직원이 공감하고 공유할 수 있도록 캠페인을 진행했다. 그 결과 '딜로이트가 만드는 긍정의 임팩트Making an impact that matters'라는 선언적인 문장을 도출해냈다. 현재 전 세계 딜로이트의 모든 사무실에서 이 문구를 볼 수 있다.

이는 딜로이트가 우리 사회에 존재하는 이유, 전 세계 임직원들이 딜로이트에서 근무하는 이유, 고객과 임직원 자신, 지역사회에 딜로이트가 필요한 이유를 표현한 것인데, 그 모든 것의 시작과 마무리는 '임팩트'다.

지속가능은 가능한가?

월드클래스는 이 같은 딜로이트의 존재 이유를 시대에 가장 적합한 방식으로 실천하기 위한 프로젝트라고 할 수 있다.

Objective

월드클래스는 2015년 9월 유엔이 공표한 지속가능발전목표SDGs 가운데 네 번째 과제인 '양질의 교육'과 여덟 번째 과제인 '좋은 일자리와 경제적 성장'에 초점을 맞추었다. 포용적이고 평등한 양질의 교육과 평생학습의 기회를 제공하고, 지속적인 경제 성장과 양질의 일자리 증진을 목표로 삼겠다는 것이다. 이 프로젝트를 수행하기 위해 딜로이트는 고객과 정부, 교육 혁신가, 학교, 대학, NGO들의 참여와 협력을 이끌어내는 데 성공했다.

2030년까지 전 세계 5000만 명의 삶에 도움을 주려는 월드클래스의 목표는 유엔이 새천년개발목표의 닻을 걷어 올리고 2015년 9월 유엔 개발정상회의에서 새롭게 채택한 SDGs에 근거하고 있다. 2030년이라는 숫자가 그 힌트다. 유엔이 SDGs를 발표한 이후 실제로 글로벌 기업들은 CSR 전략 및 활동에 적극적으로 SDGs를 연계함으로써, 효과적인 리스크 관리는 물론 지속가능한 비즈니스를 실현하려는 노력을 대외에 알리고 있다. 유니레버, 페이스북, 에넬, 레

월드클래스 론칭 당시 온라인을 통해 공개한 티저 영상. 260m(260만 명)은 학교 교육을 받지 못하는 어린이와 청소년의 수, 750m(750만 명)은 성인 문맹 인구수, 198m(198만 명) 은 전 세계 실업자 수를 뜻하는데, 딜로이트 전문가들이 이들에게 기회를 제공함으로써 미래 삶의 길을 열어주고자 한다는 메시지를 담고 있다. ©딜로이트 트위터

고 등의 글로벌 기업들이 좋은 예이며, 딜로이트도 같은 맥락으로 볼 수 있다. 앞서 소개한 네슬레 역시 이 같은 목표를 일찌감치 실천한 기업 가운데 하나다.

KEY Messages

첨단기술과 디지털화는 우리가 일하고 생활하고 배우는 방식을 변화시키고 있다. 새로운 세계 경제에 적응하기 위한 우리의 기술 역시 변화하고 있다. 이 같은 기술의 발전은 개인과 사회에 엄청난 기회를 제공하고 있지만, 아직도 지구 곳곳에는 기술 발전의 혜택을 누리지 못하는 사람이 많다.

딜로이트글로벌은 캠페인 시작에 앞서 커뮤니케이션 패키지 일체를 준비하고, 단계별 액션플랜을 제시했다. 그 선두에 자리 잡은 것은 전 세계적으로 동일하게One Voice 소통되어야 할 핵심 메시지다. 딜로이트 임직원들은 스스로 홍보대사가 되어 아래의 핵심 메시지를 고객과 지역사회에 알리고 있다.

"딜로이트는 월드클래스를 통해 2030년까지 딜로이트 전문가들의 기술과 경험, 지식을 바탕으로 기본 지식, 기술교육에 대한 접근성이 떨어지는 전 세계 5000만 명에 달하는 사람들에게 지식교육과 기술교육을 지원함으로써 새로운 기회를 제공하고 미래의 삶을 준비하는 것을 돕고자 합니다."

이 핵심 메시지는 론칭 이후 현재까지 내외부와 소통하는 데 일관

월드클래스의 엠블럼. 중앙의 숫자 '50'은 50million(5000만 명)을 의미하며, 푸른색 원은 지구를, 방사형 패턴은 성장과 기회를, 링 위의 사람들은 다양한 상황과 주제를 가진 휴먼 스토리를 상징한다. ©딜로이트

되게 사용되고 있다.

기업의 '업業'에서 출발해 지속가능 경영과 고객의 지속가능을 함께 담보해내는 시스템을 구축한 딜로이트의 사례는 기업 사회공헌 담당자들에게 좋은 벤치마킹 사례가 될 것이다. 우리 기업이 가장 잘할 수 있는 방식으로, 가장 가치 있고 세련된 실천 방법을 도출해내는 것이 필요한데, 이 과정에서 매뉴얼은 디테일을 지배한다. 디테일

지속가능은 가능한가?

이 뛰어날수록 효과적으로 대중과 소통할 수 있다. 또한 탄탄한 디테일을 갖출 때 소셜 임팩트 프로젝트가 일회성 이벤트에 그치지 않고 지속가능한 것이 될 수 있다.

Measurement & Brand Journalism

____

월드클래스의 마스터플랜에는 각 회원사의 프로젝트 실행에 대한 평가 부분도 포함돼 있다. 기업 사회공헌 담당자들의 가장 큰 고민 중 하나도 결과 측정이다.

딜로이트는 타임라인에 맞춰 각 회원사의 월드클래스 실천 사례를 접수하고, 전문가 평가를 거쳐 우수 사례를 선정해 발표했다. 회원사의 스토리는 단순히 감동만 담은 것이 아니었다. 수혜를 받은 사람들의 사전 니즈needs 및 상황은 어떠했으며, 딜로이트는 어떤 솔루션을 가지고 접근했는지, 그리고 그 활동이 지역사회에 어떤 영향을 미쳤는지 등 정성적인 부분과 함께 정량적인 부분까지 측정하고자 했다. 또 하나 중요한 점은 딜로이트 임직원들의 변화된 모습을 담은 휴먼스토리가 많았다는 것이다. 각 회원사들은 '월드클래스 스토리'를 위해 텍스트 자료는 물론 사진, 인터뷰 자료, 영상 등의 다양한 자료를 함께 제출했다.

일련의 평가 과정을 거쳐 최종 선정된 실천 사례들은 딜로이트 리더들의 주요 월드미팅 때 소개되었다. 공식 홈페이지에도 게시해 월드클래스의 괄목할 만한 성과들을 대내외에 알렸다. 아시아에서는 한국딜로이트그룹의 사례가 채택됐다. 경기도 안양의 정심여자정보산업학교 학생들에게 경제교육을 실시한 사례다.

예전에는 안양소년원으로 불렸던 이 학교는 여자 청소년을 교정·교육하는 기관이다. 한국딜로이트그룹 전문가들이 매주 이 학교를 찾아 사회적 재활에 필요한 경제교육과 취업 멘토링을 해주고 있다. 2018년 3월까지 5년 동안 170여 명의 '경제 선생님'들이 5100여 명의 학생들을 만나 수업을 진행했으며, 이 활동은 현재까지도 이어지고 있다.

이러한 일련의 과정을 통해 각 회원사들의 프로젝트 성과를 측정할 수 있고, 타 회원사의 우수사례를 공유함으로써 직간접적인 벤치마킹이 가능하다. 딜로이트글로벌은 이 같은 총체적인 데이터를 토대로 프로젝트 결과에 대한 시너지를 창출함과 동시에 대외 커뮤니케이션에 적극적으로 활용하고 있다.

이는 최근 화두가 되고 있는 브랜드 저널리즘의 좋은 사례다. 브랜드 콘텐츠는 임직원, 고객, 업계 종사자들의 이야기를 담아내야 한다. 미디어라는 '제3의 입'을 통해 브랜드의 목소리를 전달하는 것과

지속가능은 가능한가?

월드클래스 스토리 가운데 딜로이트코리아의 사례(아래 가운데)가 소개돼 있다.
©딜로이트글로벌 월드클래스 홈페이지

비교했을 때, 브랜드에서 자체 제작한 브랜드 저널리즘이 가지는 장점은 기존에 언론이 담당했던 역할을 브랜드가 직접 하게 되면서 고객 및 시장 맞춤형 콘텐츠가 생산될 수 있다는 것이다. 딜로이트는 이 같은 과정을 통해 새로운 트렌드를 만들고, 새로운 비즈니스 창출에 매우 중요한 '평판자산'을 확보할 수 있었다.

이러한 성과들을 바탕으로 딜로이트는 『포춘』이 선정하는 2018년 '세상을 바꾸는 혁신기업' 52위에 올랐다.

딜로이트는 전 세계 각지에 있는 6개의 딜로이트대학교Deloitte University에서 매해 6만 5000명에 달하는 사람들에게 직업교육을 실시하고 신규 고용을 지원하고 있다. 2017년 한 해 동안 딜로이트 전문가들은 40만 시간 이상을 기술 개발 및 교육과 관련한 프로보노에 할애했고, 6900만 달러를 투자해 일자리 창출에 기여하는 등 측정 가능한 데이터를 통해 SDGs의 실천을 대외적으로 인정받고 있다.

지속가능은 가능한가?

3. 밀레니얼의 시대, 기업도 변해야 한다

기업 윤리와 사회공헌에 대한 신랄한 평가자들
_'가치관 따라 직장을 고르는' 밀레니얼 세대

———

2018년 딜로이트가 실시한 밀레니얼 서베이의 결과는 기업의 동기 및 윤리에 대한 밀레니얼 세대(1983~1994년 출생자들)의 인식이 크게 달라졌음을 보여주었다. 36개국 1만 455명의 밀레니얼 세대를 대상으로 실시한 이 조사는 6개국 1844명에 달하는 Z세대(1995~1999년 사이 출생자들)의 응답도 포함하고 있어 시대의 변화를 가늠하는 데 힌트가 될 수 있다.

딜로이트가 2014년부터 해마다 조사해 발표하는 밀레니얼 서베이는 정치, 사회, 경제 등을 바라보는 밀레니얼 세대의 시각과 가치관을 보여준다. 그런데 2018년 조사 결과에서는 기업의 동기와 윤리에 대한 생각이 확연하게 달라졌다. 꾸준히 상승해오던 긍정적 평가가 역전돼 최저 수준을 기록한 것이다.

전체 응답자의 48퍼센트만이 "기업이 윤리적으로 행동하고 있다"라고 답했고, 47퍼센트만이 "기업 리더들이 사회를 개선하기 위해 헌

기업들은 더 넓게 사회를 고려하기보다
자신들만의 목적에 초점을 맞춤

기업들은 윤리적인 방식으로 행동함

기업 리더들은 사회를 개선하기 위해 헌신함

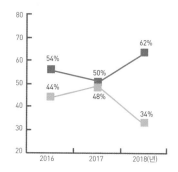

기업들은 돈을 버는 것 이상의 관심이 없음

기업의 동기와 윤리에 대한 밀레니얼 세대의 견해가 악화되고 있다. ©2018 딜로이트
밀레니얼 서베이

신한다"라고 생각했다. 4분의 3에 달하는 응답자는 "전 세계 기업들
이 사회 전반을 고려하지 않고 자신들의 목적에만 초점을 맞춘다"라

고 말했다. 3분의 2는 "기업들이 돈을 버는 데만 관심이 있다"라고 답했다.

밀레니얼 세대는 기업이 보다 균형 잡힌 광범위한 목표를 가져야한다고 지적했다. 그 광범위한 목표란 ①사회와 환경에 대한 긍정적인 영향 ②혁신적인 아이디어, 제품, 서비스의 창출 ③일자리 창출과 경력 개발, 삶의 개선 노력 ④직장에서의 포용성 등이다.

흥미로운 점은 기업이 성취해야 할 우선순위와, 그들이 실제로 속한 조직이 지향해야 하는 우선순위가 크게 다르다는 것이다. 다시말해 밀레니얼들은 자신이 속한 조직이 추구해야 할 최우선 목표로수익 창출, 효율성 추구, 제품 및 서비스 개발과 판매 등 세 가지를 꼽으면서도, 동시에 동일한 목표들을 '기업이 우선하지 않아야 할 목표'로 여겼다.

어떻게 보면 밀레니얼 세대가 모순적이라고 생각할지 모르겠다. 하지만 이 같은 결과는 기업들에게 시사하는 바가 크다. 밀레니얼 세대, 그리고 그 아래 세대인 Z세대가 직장을 선택하는 기준이 과거와극명하게 달라졌다는 사실이다. 더 현실적으로 이야기하자면, 밀레니얼 세대는 "단순히 이익을 많이 남기는 기업을 직장으로 선택하지않을 것"임을 선언하고 있다. 바로 여기에 기업들의 소셜 프로젝트와

PR이 왜, 어떻게 달라져야 하는지 그 답이 숨어 있다.

2017년 밀레니얼 세대의 걱정거리 중 가장 낮은 순위를 차지했던 '기후문제'가 1년 만에 선진국에서는 테러와 함께 최우선 사항으로 부상했고, 신흥시장의 경우 상위 5위권 안에 들어 있다. 여기서 또 하나 특기할 만한 내용은 환경문제에 대한 이들의 우려 수준과 기업을 평가하는 태도 사이에 강한 상관관계가 있다는 것이다. 기업에 대해 부정적인 시각이 강한 사람들의 46퍼센트가 그렇게 생각하는 이유를 '기후변화' 또는 '자원 부족'이라고 대답했다.

그렇다면 밀레니얼 세대는 어떤 기업에 호감을 나타냈을까. 첫 번째는 4차 산업혁명에 적응하며 직원들이 변화하는 환경에서 성공할 수 있도록 지원해주는 기업이다. 두 번째, 그들은 다양성에 높은 기대치를 부여했다. 응답자의 3분의 2는 다양성과 관련해 기업 리더들의 태도를 묻는 질문에 "그저 입에 발린 말일 뿐"이라고 신랄하게 지적했다.

전반적으로 밀레니얼 세대는 기업 리더들이 이익 추구에만 집중하지 말고 세상의 문제를 해결하는 데 더 선도적이고 적극적인 역할을 해주기를 바라고 있다. 이는 조직보다는 개인의 가치관을 중요시하는 새로운 밀레니얼 세대가 개인적 목표purpose와 조직의 목표의 방

지속가능은 가능한가?

향을 일치시킴으로써 자기 삶의 질을 끌어올리고자 하는 의지가 강함을 방증하고 있다.

기업의 '역할'에 대한 상향된 기대치는 비단 밀레니얼 세대에서만 발견되는 것이 아니다. 2018년 에델만 신뢰도 지표 조사 결과에 따르면, 기업에 대한 신뢰도(평균 52퍼센트)가 정부에 대한 신뢰도(평균 43퍼센트, 28개국 중 21개국이 불신국에 속함)보다 높게 나타났다.* '더 나은 미래'를 위한 사회적 문제 해결에서 정부의 역할에 대해 회의적임을 확인할 수 있다. 대신 기후변화, 일자리 문제 등에서 기업 리더들이 적극적인 역할을 해줄 것을 요구하고 있다.

관련 항목에서 응답자의 64퍼센트는 "CEO들은 정부를 기다리기보다 기업 신뢰도, 제품과 서비스의 질, 기업의 가치를 제고할 수 있는 사업적 결단을 내려야 한다"라고 답했다. 또 응답자의 56퍼센트는 "자신들의 회사와 이윤만을 추구하는 기업은 실패할 것"이라고 답했고, 60퍼센트는 "기업 CEO들이 세상을 긍정적으로 바꾸기 위한 열망보다는 (회사 이익을 위한) 탐욕에 더 많이 이끌린다"라고 응답해, 기업 리더들의 인식 변화를 촉구하고 있다. 달리 말하면 지속가능한

---

* 글로벌 PR 컨설팅 기업인 에델만Edelman은 2001년부터 매해 전 세계를 대상으로 정부, 언론, 기업, NGO, 4개 기관에 대한 신뢰도를 조사해 다보스포럼에서 발표하고 있다. 2018년에 발표된 조사는 2017년 10월 28일부터 11월 20일까지 28개국에서 18세 이상 3만 3000명을 대상으로 이루어졌다. 한국인 응답자는 1150명이다. 이 중 25세 이상 64세 이하, 대졸 이상 학력 소지자로 가계소득은 상위 25퍼센트, 정기적으로 미디어를 구독하고 비즈니스 뉴스에 관심이 많은 여론 주도층은 200명이다.

사회를 만들기 위한 공유가치의 창출에 대한 사람들의 기대치라고 할 수 있겠다.

글로벌 톱 기업들에게 '공유가치'는 선택이 아닌 '필수'
_'제2의 죽음의 계곡'을 피하는 혁신경영

———

2018년 말 경영전략 및 이노베이션 전략, CSV 전문가인 후지이 다케시 딜로이트컨설팅 일본 파트너가 기업의 사회적 가치에 관한 포럼에 참석하기 위해 한국을 방문했다. 그는 딜로이트 정책포럼에서 일본 기업과 글로벌 기업들의 패턴을 분석한 내용을 토대로 "CSV는 글로벌 톱 기업이 직면하는 '제2의 죽음의 계곡'에서 벗어나는 기업의 새로운 전략"이라고 강조했다. '죽음의 계곡Death Valley'은 창업 3~7년 차 벤처기업이 기술개발에 성공했다 하더라도 사업화 단계에 이르기 전까지 넘어야 하는 어려운 시기를 뜻한다.

『CSV 이노베이션』(2014)의 저자이기도 한 후지이는 기업들에게 "제2의 죽음의 계곡을 경계해야" 한다고 경고했다. 창업 초반 첫 번째 죽음의 계곡을 극복하고 성장가도를 달리던 기업이라 하더라도 지속가능성을 장담할 수 없는 시대다. 따라서 새로운 전략으로 경쟁우위를 만들어내는 것이 중요한데, 그 혁신적인 전략이 바로 CSV

지속가능은 가능한가?

라는 것이다. 글로벌 컨설팅 기업 맥킨지McKinsey의 발표에 따르면 2015년 기준 기업의 평균수명은 15년이다. 이런 현실에서 제2의 죽음의 계곡을 극복하는 것은 기업의 지속가능성과 직결된다고 할 수 있다.

그렇다면 어떤 기업들이 죽음의 계곡을 벗어났을지 궁금해진다. 기업의 사회적 가치와 지속가능성을 고민하는 사람들에게는 그리 낯설지 않은 기업, 1929년에 설립되어 100년 기업을 눈앞에 둔 유니레버Unilever와 일본의 대표 자동차회사 토요타Toyota가 좋은 사례다.

"우리의 적은 경쟁사가 아닌 기후변화와 빈곤"_유니레버

영국과 네덜란드에 본사를 두고 있는 유니레버는 도브, 럭스, 바셀린 등의 보디제품과 음료 브랜드 립톤 등 400여 개의 브랜드를 가진 생활용품 다국적기업이다. 가장 존경받는 글로벌 기업 가운데 하나이기도 하다. 유니레버는 원재료의 70퍼센트가량을 농산물 등의 생물자원에 의존하고 있어 세계 농작물 생산량의 상당 부분을 소비한다. 따라서 생물자원이 고갈될 경우 유니레버는 생존을 위협받을 수밖에 없다.

유니레버는 2010년 '유니레버 지속가능한 삶을 위한 계획Unilever Sustainable Living Plan: USLP'을 천명했다. 이는 기업의 사회적 책임과 선한 영향력을 사업적 목표와 융합한 비즈니스 모델로, 2020년까지 100퍼센트 지속가능한 원재료를 조달하고, 폐기물과 온실가스 배출량, 물 사용량을 절반으로 줄이겠다는 것이 주요 골자다. 좀 더 부연하자면, USLP를 통해 비즈니스와 임직원, 고객의 가치는 높이고 비용과 리스크는 줄여 주주 등 이해관계자stakeholders들의 장기적인 신뢰를 확보한다는 것이다.

실제로 유니레버는 2012년까지 농작물 원재료의 3분의 1가량을 지속가능한 방식으로 조달하는 데 성공했다. 이후에도 꾸준히 팜유, 대두, 홍차, 종이 등으로 대상을 확대하고, 각 원재료의 지속가능한 조달을 담보하기 위해 인증제도를 도입했다. 자원 고갈이라는 위기에 선제적으로 대응하기 위해 생태계를 배려한 인증제도를 만들고 인증제품의 수요를 확장하는 데 일조함으로써 사업적으로도 성장을 이뤘다.

유니레버가 전 세계 기업들의 롤모델이 된 이유는 크게 세 가지다. 첫째, 경쟁사보다 앞서 리더십을 발휘했다는 점이다. 둘째 WWF(세계자연보호기금) 등 국제 NGO는 물론 영국 팜유 가공·무역협회, 말레이시아 팜유협회 등과 지속가능한 팜유 생산을 위한 협의회RSPO를 결성해 지속가능한 생태계를 조성했다는 점이다. 셋째, 생태계를 파괴하는 제품은 장기적으로 소비자들에게 선택받지 못할 것이라는 전략적 판단 아래 사업구조를 과감하게 변화시켰다는 점이다.

2018년 9월에 방한한 폴 폴먼Paul Polman 전 유니레버 CEO는 『매일경제신문』과의 인터뷰에서 "유니레버의 적은 P&G나 네슬레 같은 기업이 아니라 기후변화와 빈곤"이라고 강조했다. 이는 유니레버가 기업의 사회적 가치를 사업적 목표와 완벽하게 결합시켰음을 방증하는 말이다. 폴먼 회장은 10여 년 동안 유니레버를 이끈 인물로 일찍이 지속가능 경영이라는 큰 그림을 그리고, 혁신경영을 실천한 경영자다. 실제로 '유니레버 지속가능한 삶을 위한 계획'을 론칭한 이후 유니레버의 비즈니스 모델은 주주 환원 면에서도 약 300퍼센트의 성장률을 기록했고, 총매출액 역시 400억 유로에서 550억 유로 규모로 증가한 것으로 알려졌다. 이 같은 성과는 유니레버가 소비자들에게 '착한 기업'으로 인정받았다는 사실을 입증한다.

인터뷰에서 폴먼 회장은 소비자들이 정치인들의 공허한 약속들을 해결하기 위해서는 기업 리더들이 나서야 한다고 강조했다. 이 대목은 에델만 신뢰도 지표 조사에서 드러난 결과와 일맥상통한다. 이제 사람들은 정부를 믿지 않는다. 정치인은 더더욱 믿지 않는다. 인권, 일자리, 양성평등, 기후변화 등 현실적인 문제들에 대한 구체적인 솔

유니레버의 지속가능한 성장을 위한 전략 ©유니레버 홈페이지

유니레버 립톤 티 포장에 표시되어 있는 지속가능한 생산 인증마크

루션을 제시하고 추진할 수 있는 주체가 기업(민간부문)이라는 사실
에는 이미 사회적 동의가 이뤄진 것으로 보인다. 이 같은 사회적 요구

에 유니레버는 글로벌 기업으로서의 리더십을 유감없이 발휘했다.

유니레버는 소비재 기업으로서 소셜 미디어를 통해 소비자와 소통해온 기업이다. 중국 시장을 개척할 때도 소셜 미디어를 통한 커뮤니케이션에 힘을 쏟아부었다. 미국이나 유럽의 핵심적 인플루언서가 아닌 보통 사람들의 이야기 속에서 소구점을 찾았다. 유니레버의 소셜 미디어 소통에서 주목할 것은 디지털이라는 '차가운' 미디어 속에서 '진정성'과 '신뢰'를 가장 중요한 원칙으로 삼았다는 사실이다. 바로 이 점이 곧 사회적 주도권을 갖게 될 밀레니얼 세대의 라이프스타일과 잘 맞아떨어진다.

이를 보여주는 유명한 일화가 있다. 페이스북의 회원정보 유출 사건이 발생했을 때 폴먼 회장은 페이스북 광고를 전면 중단하라고 지시했다고 한다. 신뢰할 수 없는 미디어에 유니레버의 광고를 실을 수 없다는 이유에서다. 기업의 총수가 소비자들과 그만큼 '통한다'는 것, 이것은 시사하는 바가 크다.

인간과 자연이 조화를 이루며 사는 것, 이것이 우리의 DNA_토요타자동차

———

지속가능한 기업으로 꾸준한 성장세를 유지하고 있는 일본의 자동차 기업 토요타^{TOYOTA} 역시 제2의 죽음의 계곡을 극복한 기업이다. 토요타는 2015년 10월 '토요타 환경 챌린지 2050'을 발표했다. WWF(세계자연보호기금)과 5개년 계획으로 진행되는 이 컬래버레이션 프로젝트의 목표는 인간과 자연이 조화를 이루고 살아가는 지속가능한 사회를 실현하는 것이다. 2015년 토요타자동차의 다케시 우치야마다 회장은 '토요타 환경 챌린지 2050'을 발표하는 자리에서 "인간과 자동차, 자연이 조화를 이루며 살아가는, 이상적이고도 지속가능한 사회를 만들고자 한다"라고 설명하면서 이것이 "토요타의 DNA"라고 강조했다. 다케시 회장의 말처럼 토요타는 미래의 아이들이 깨끗한 하늘 아래서 뛰어놀 수 있는 환경을 만들기 위해 업의 본질과 존재 이유에 대해 진지하게 고민했고, 그 결과 6개의 도전 목표를 수립했다.

토요타자동차가 천명한 6개 도전과제는 다음과 같다.

Challenge 1. 차세대 자동차 CO_2 배출 제로.
Challenge 2. 자동차의 생산에서 폐기까지 전 과정 CO_2 배출 제로.
Challenge 3. 기술 향상과 재활용 에너지 활용을 통한 자동차 생산공장의 CO_2 배출 제로.
Challenge 4. 자동차 생산 시 물 사용량 최소화, 포괄적인 정수 및 지구로의 반환.

지속가능은 가능한가?

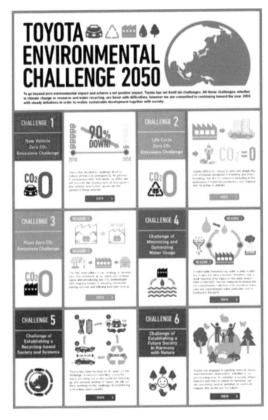

토요타는 2015년 '토요타 환경 챌린지 2050'을 발표하면서, 2050년까지 인간과 자연이 조화를 이루는 미래 사회 건설을 위한 6개 도전 과제를 제시했다. ©토요타 글로벌 홈페이지

Challenge 5. 재활용 기반 사회와 시스템 구축(Car-to-Car 리사이클 프로젝트로 신차 제조 시 폐차량 재활용 촉진 등)

Challenge 6. 인간과 자연이 조화를 이루는 미래 사회 건설

토요타는 6개 도전과제 실천의 일환으로 지난 2016년 WWF와 함

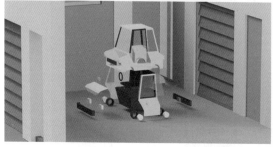

모든 자동차 부품은 재활용되어 새로운 자동차로 탄생하게 된다는 내용을 설명하는
'토요타 환경 챌린지 2050' 동영상 ©토요타 글로벌 홈페이지

께 동남아시아의 생물 다양성을 보존하기 위해 '살아 있는 아시아의
숲 프로젝트'를 시작했다. 유니레버의 선례처럼 토요타 역시 국제적
인 NGO와 지속가능한 협업을 균형 있게 이루려는 노력을 멈추지 않
고 있다.

토요타의 '살아 있는 아시아의 숲' 프로젝트 영상

대기오염의 주범으로 알려진 자동차 배기가스를 줄이려는 세계 일류 자동차 생산회사의 미래지향적인 비전과, 이를 바탕으로 한 도전과제의 설정은 우리에게 시사하는 바가 크다. 기업의 역할과 책임을 정확히 알고 있는 것이다. 소비자의 신뢰를 재구축하는 시작점이자 미래 사회를 먼저 준비하는 리딩 컴퍼니로서의 면모다.

이는 가까운 미래에 전 세계 소비의 주축이 될 밀레니얼 세대가 지향하는 가치관과 그들이 기대하는 기업의 역할과 일치하는 부분이다. 지금, 그리고 가까운 미래에 그들은 어떤 자동차를 구매할까? 밀레니얼 세대는 가격이 좀 더 비싸더라도 환경친화적이고 환경보호에 투자하는 브랜드를 구매할 것이다. 이 사실은 미국 통합 콘텐츠 솔루션 에이전시인 제너레이트 인사이트_{Generate Insight}의 밀레니얼 리서치 결과에서 분명히 확인할 수 있다.

태평양 거대 쓰레기 지대 청소에 나서다_딜로이트

최근의 또 다른 사례는 딜로이트와 비영리단체인 오션클린업 재단 The Ocean Cleanup Foundation의 협업 프로젝트다. '오션클린업'은 재단의 이름이기도 하고, 딜로이트와 재단이 2018년 9월 8일 론칭한 태평양 쓰레기 제거 프로젝트의 이름이기도 하다. 하와이와 캘리포니아 해

안 사이에 있는, '태평양의 거대한 쓰레기 지대Great Pacific Garbage Patch'를 5년 동안 절반 이상 제거하는 것이 목표다. 프랑스 면적의 3배에 달하는 이곳은 '쓰레기섬'으로 불린다. 거대한 부유 쓰레기 더미는 1950년부터 매년 10배씩 증가했고, 주변 어류의 배 속에서 미세플라스틱이 발견될 정도로 심각한 상황이었다.

오션클린업 재단은 이 '거대한' 인류의 공동숙제를 해결하기 위해 글로벌 컨설팅 기업인 딜로이트와 손을 잡았다. 2017년 9월 오션클린업 재단은 딜로이트임팩트 재단Deloitte Impact Foundation을 지식 파트너로 택하고 1년간 공동으로 프로젝트를 추진했다. 해양 플라스틱 쓰레기 처리 기술을 보유한 오션클린업은 지속적으로 시스템을 개발했고, 딜로이트는 지식 파트너로서 스타트업에 부족한 전략과 기술, 재무구조, HR 등에 관한 컨설팅을 진행했다.

그 결과 2018년 9월, 해양 쓰레기 제거 시스템이 미국 샌프란시스코만에 설치됐다. 기다란 관 모양의 기계가 연간 15만 파운드(약 6만 8000킬로그램)의 해양 플라스틱 쓰레기를 수거할 것으로 기대되고 있다. 이 설치물에 쓰레기가 가득 차면 태양광 에너지를 이용하는 센서를 통해 위치를 파악하고, 선박이 접근해 쓰레기를 수거, 분리, 재활용하게 된다.

지속가능은 가능한가?

오션클린업 재단은 딜로이트임팩트 재단과 함께 2018년 9월 샌프란시스코만에 해양 플라스틱 쓰레기들을 제거하기 위한 U자 모양의 시스템을 설치했다. ⓒ오션클린업 재단 홈페이지

오션클린업 프로젝트는 인류와 해양 생태계의 지속가능성을 확보하기 위한 것으로 언론에서도 큰 관심을 가졌다. 환경단체는 물론 소셜 미디어에서도 큰 화제를 모았다. 딜로이트가 이 프로젝트를 통해 맛본 '성공' 경험은 이윤 창출이나 고객 만족에 앞서는 것이었다.

오션클린업 프로젝트 관련 영상은 소셜 미디어, 특히 유튜브를 통해 전 세계에 알려졌다. 플라스틱 쓰레기로 인한 해양 생태계 파괴를 우려하는 많은 사람들이 응원의 댓글을 달았다. 소셜 미디어는 U자 모양의 거대한 쓰레기 수집관이 샌프란시스코만에 설치되는 역사적인 순간을 실시간으로 전달하며 임팩트를 남겼다.

다른 직장인 · 다른 소비자 밀레니얼
_그들과의 지속가능한 소통 촉진제 '소셜 미디어'

———

앞서 소개한 유니레버와 토요타자동차, 딜로이트의 공통점은 소비자들의 '지속가능한' 선택을 받으려면 어떤 가치를 우선시해야 하는지 정확히 알고 있다는 것이다. 그리고 그들이 설정한 미래 비전과 실천계획을 끊임없이 소비자들에게 알리고, 소비자들과 소통하고 있다는 점이다.

소통 과정에서 가장 중요한 것은 소셜 미디어다. 앞서 에델만 신뢰도 지표 조사 결과를 인용해 설명했듯이, 사람들은 뉴스 콘텐츠를 그대로 믿지 않는다. 한국인의 72퍼센트가 가짜뉴스 및 정보에 대한 불신과 우려를 내비쳤다. 사실과 가짜뉴스를 구별하기 힘든 미디어의 현실을 방증하는 결과다. 언론의 뉴스 콘텐츠를 회의적으로 보는 이유로는 시청률 경쟁, 부정확한 속보, 정치적 편향성 등을 꼽았다.

미디어에 대한 신뢰도가 글로벌 평균 43퍼센트에 그친다는 결과는, 이제 기업이 소비자들과의 소통 채널을 전통 미디어에 의존할 수 없다는 사실을 말해준다. 2018 에델만 신뢰도 지표 조사에서 "일반적으로 미디어를 무엇이라고 생각하는가?"라는 질문에 48퍼센트에 달하는 응답자가 '소셜 미디어'라고 답한 결과가 이를 강력하게 뒷받침한다. 이제 미디어는 '전통 vs. 온라인'이 아닌 더 큰 범주인 플랫폼 속에서 하나의 채널로 인식하는 것이 어쩌면 정확할 것이다. 뉴스앱과 소셜 미디어, 검색엔진(포털)이 플랫폼을 이루는 구성요소이며, 인플루언서, 저널리스트, 브랜드 등이 각각의 뉴스와 정보를 생산한다. 다시 말해 직업 기자가 쓰는 기사만이 뉴스가 되는 게 아니라, 콘텐츠의 전문성과 사실성, 리얼리티가 더욱 중요시되는 시대다.

이 같은 미디어 환경 탓에 기업들은 소셜 미디어를 도외시하기 힘들어졌다. 앞서 롤모델로 제시한 3개 기업도 소비자들과의 소통에서 소셜 미디어를 적극적으로 활용하고 있다. 제품 정보는 기본이고, 전문지식이나 휴먼 스토리를 공유하기도 한다. 이 같은 콘텐츠가 전통적인 미디어가 전하는 기업의 이야기보다 훨씬 진솔하고 '힘'이 있기 때문이다. 그리고 이런 이야기는 지속적으로 언급되며 퍼져나간다. 지속가능한 사회를 만들기 위해 어떤 비전을 만들고 어떻게 실천하

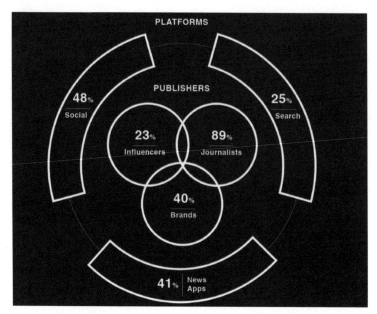

"일반적으로 미디어를 무엇이라고 생각하는가?"라는 질문에 응답자들은 소셜 미디어, 뉴스앱, 검색엔진(포털) 순으로 답했다. © 2018 에델만 신뢰도 지표 조사 홈페이지

고 있는지에 대해서 말이다.

실제로 유니레버의 폴먼 전 회장은 유니레버가 소셜 미디어를 활발하게 이용하고 있다고 말하면서 "사람들은 더 이상 미국, 유럽 등의 리더들을 믿지 않는다"라고 일침을 가한 바 있다. 그는 디지털의 관건은 '신뢰'와 '진정성'이라고 강조했다.

　　　　　　　　　　　　　　　　　　지속가능은 가능한가?

전통 미디어보다 소셜 미디어에 더 익숙한 밀레니얼 세대와 Z세대는 미래 기업들의 리더이자 투자자다. 세계 최대의 투자은행인 모건스탠리Morgan Stanley가 2017년에 발표한 지속가능 투자 및 투자자 설문조사에 따르면, 밀레니얼 응답자의 86퍼센트가 지속가능한 투자에 관심이 있다고 답했으며, 응답자의 75퍼센트는 '내 투자 결정이 인간 활동으로 인한 기후변화에 영향을 끼칠 수 있다'라고 답했다. 밀레니얼 세대 투자자들이 기업의 비재무적 요소를 중요시한다는 사실을 다시 한 번 확인할 수 있다.

밀레니얼 세대는 동시에 소비자이기도 하다. 이들은 '이윤 추구보다는 어떤 가치를 지향하는 기업인지'를 보고 직장을 선택하겠다고 답했다. 그리고 '지속가능한 사회를 위한 노력을 기울이지 않는 기업의 제품을 선택하지 않을 것'이라고 말했다. 그들의 응답은 지금, 기업의 사회공헌 및 홍보 담당자들이 무엇을 기획하고 실행해야 할지에 대한 가이드라인이 되기에 충분하다. 그 일의 출발은 '업'을 기반으로 한 기업 리더십의 사회적 가치 창출에 대한 확고한 의지를 보여주는 작업이 될 것이다. 그리고 그 소통은 소셜 미디어를 중심으로 이뤄져야 할 것이고, 메시지는 '진정성'이 있어야 할 것이다.

Chapter 5.
SDGs

지속가능발전목표
채택으로 창출되는
비즈니스 기회

SDGs Business Opportunities

임지성
유엔협회세계연맹 수석담당관

선교사였던 부모님을 따라 3개국에서 생활했다. 컴퓨터공학과 국제경영을 전공했고, IT 회사에 잠시 몸담았다가 세상과 사람을 배우고자 미국 NGO에서 근무하며 동시에 신학대학원 석사과정을 밟았다. 군 복무차 남미에서 한국국제협력단(KOICA) 단원으로 활동하던 중 국제개발에 흥미를 갖게 되었고, 현지에서 바로 뉴욕으로 건너가 국제대학원 개발학 석사과정을 수료했다. 한국형 개발 모델에 관심을 가지고 졸업한 후, 현재 유엔협회세계연맹(WFUNA)의 서울사무국에서 혁신사업과 대외협력을 담당하고 있다. 최근 유엔 스타트업 대회, SDGs 캠페인, 대학생 교육 등을 통해 사회 구성원들이 유엔의 모토인 '우리가 원하는 세상(The World We Want)'을 효과적으로 만들 수 있도록 돕는 일을 하고 있다.

Intro. 올 것이 오고 있다

1990년경 개봉한 영화 〈백투더퓨처〉가 상상한 30년 후의 미래는 놀라울 정도로 정확했다. 스마트폰, 3D 영화, 화상회의 등 지금 우리의 일상이 되어버린 서비스를 이미 시간여행을 통해 예견했던 것이다.

그러나 그 시대 과학자들은 비관적인 미래를 예견했다. 1992년 세계 과학자 1700명이 서명한 '인류에 대한 경고Warning to Humanity'에서는 지구의 오염, 즉 공기, 물, 해수, 토지, 삼림, 생물 등 생태계의 황폐화가 가속되고 있다고 지적하면서 미래를 위해 즉시 환경 파괴를 멈출 것을 촉구했다. 염려 가득한 충고에도 불구하고 과학자들의 예측 역시 현실이 되었다. 그로부터 30년 가까이 지난 세상에 사는 우리는 깨끗한 공기를 돈을 지불해 사고 있다. 더러운 하수와 폐수, 플라스틱이 해양 생태계를 파괴하고 있으며, 온실가스 배출로 인한 이상기온이 해수면을 상승시켜 2억 명이 보금자리를 잃었거나 잃을 위기에 처해 있다.

기술 발전은 〈백투더퓨처〉의 미래가 가능하다는 것을 보여줬지만, 자원 활용의 효율성이 현저하게 낮고 환경에 끼치는 부작용이 너무 크다. 일각에서는 이대로라면 인류가 2100년을 보지 못하고 지구에서 사라질 것이라는 무서운 경고까지 하고 있다.

종말론까지 거론할 필요가 있는지는 두고 볼 일이지만, 중요한 것은 이러한 주장을 하는 사람이 더 이상 환경주의자들만은 아니라는 것이다. 2017년 넷플릭스가 방영한 〈블루플래닛 2〉 등의 영향으로 이듬해 미국과 영국에서 일회용 플라스틱 구매가 53퍼센트 줄었다는 보고가 있다. 스웨덴의 활동가로 알려진 15세 소녀 그레타 툰베리 Greta Thunberg로부터 시작된 '청소년 기후행동 School Strike for Climate'은 전 세계로 확산되어 수백만 명의 청소년이 이에 호응했다. Fridays for Future, Youth for Climate, Youth Strike 4 Climate 등의 파생단체들도 생겨났다. 지구의 기후변화를 막으려는 청소년 운동은 수많은 과학단체와 유명인의 지지를 받으며 그 영향력을 키우고 있다.

올 것이 오고 있다. 달리던 차가 벼랑 끝에 서 있다면, 승객들은 언젠가는 방법을 강구할 것이다. 모두의 생사가 걸린 일이기에, 그동안 침묵하던 승객들은 당장의 편리함을 내려놓은 채 협업을 해야 하고 차를 비행기로 개량할지, 다리를 놓을지를 결정해야 한다.

큰 변화가 따를 것이다. 세계의 정부들은 과연 어떤 대응을 할까? 내가 속한 기업이나 단체에 어떤 영향을 주게 되며, 어떤 기회가 생길까? 이번 장에서는 필자가 최근 활동하고 있는 분야의 경험에 비추

베를린 인발리덴 공원에서 시위하는 청소년
(2019년 2월)

어 새로 형성되는 시장의 성격을 정의하고, '올 것이 정말 왔을 때'의
시장 환경을 예측해보고자 한다.

1. 지구를 마구 사용한 우리가 치러야 할 대가

"지구의 역사는 46억 년이다. 쉽게 이해하도록 지구가 46살이라고 한다면, 인류가 존재한 지는 4년 되었고, 산업혁명은 1분 전에 왔는데 그 1분 동안 우리는 지구 숲의 50퍼센트를 베어버렸다. 이런 소비는 지속가능하지 않다."_웹블로거 @caity-cake-blog

광대하고 경이로운 지구가 생산하는 자원은 인류의 수요를 충분히 감당했으며, 오랜 시간 동안 인간의 행동은 지구의 상태에 특별한 변화를 줄 수 없었다. 하지만 점차 피폐한 모습으로 변해가는 지구를 보며 인류는 깨달았다. 인간의 행위가 지구와 환경을 병들게 할 수 있다는 것을. 안타깝게도 지구온난화가 허구라고 굳게 믿는 사람도 있기 때문에, 필자는 팩트체크의 형식으로 견해를 피력해보도록 하겠다.

Fact 1. 공해와 미세먼지는 산업혁명 전부터 있었다. 로마시대의 철학자 세네카Lucius Annaeus Seneca는 61년에 "로마의 짙은 연기와 굴뚝의 그을음과 악취를 벗어나" 교외로 기분전환을 하러 다녔다고 기록했다. 16세기 스페인의 탐험가였던 후안 로드리게스 카브리요Juan Rodriguez Cabrillo는 "청명하게 보이는 아메리카 대륙의 산맥 아래 인디언

지속가능은 가능한가?

정착지역은 지핀 불에서 나온 연기로 자욱"했다고 보고했다.

산업혁명 이후 석탄을 태우면서 공해로 인한 인적 피해가 본격적으로 나타나기 시작했다. 1952년 1만 명의 생명을 앗아간 '런던 스모그 사건Great Smog of London'은 20세기의 가장 충격적인 사건 중 하나로 꼽힌다. 공장의 매연과 가정에서 땐 장작 연기가 고기압의 안개와 섞여 5일 넘게 런던 시민들을 괴롭혔다. 공기 오염은 계속 악화되었다. WHO(세계보건기구) 보고에 따르면 전 세계 인구의 95퍼센트가 유해한 공기를 마시고 있고, 6명 중 1명이 공기 오염으로 인해 일찍 사망하고 있다.

Fact 2. 지난 100년간 인류는 전 세계 산림지역의 40퍼센트를 깎아내렸다. 올해도 인간은 800만 헥타르, 즉 남한 면적보다 약간 작은 숲을 벌거숭이로 만들 예정이다. 역설적으로 벌목 작업 시 발생하는 탄소의 양이 전 세계 탄소 배출량의 11퍼센트 이상을 차지하고 있어 그 자체로도 환경 파괴의 주범으로 불릴 만하다.

산림 파괴는 숲 인근 지역에 거주하는 10억 인구의 보금자리를 위협하고 있다. 또한 지구 생태계의 균형을 유지해주고 있는 동식물의 멸종을 초래하고, 주변의 토지가 사막화되고 황폐화되는 데 한몫한다. 황폐화된 땅은 기근과 가뭄, 질병과 자연재해를 일으킨다. 심지어

지역갈등과 분쟁까지 일으킨다는 것이 밝혀졌다. 2005년 유엔은 '세상에 꼭 알려야 할 열 가지 이야기' 중에 산림 파괴로 인해 내전 등 심각한 사회 혼란을 겪는 소말리아의 이야기를 비중 있게 다루었다.

Fact 3. 산업화, 인구 증가, 도시화가 가속화되면서 우리는 갈수록 많은 쓰레기를 버리고 있다. 무분별한 쓰레기 배출의 부작용은 생각보다 참혹하다. 적절한 예가 14세기 중엽부터 최대 2억 명의 생명을 앗아간 흑사병이다.* 이후 위생 관련 법규 등이 대폭 강화되었지만, 2016년 하루 20억 톤, 2050년에는 하루 34억 톤으로 증가할 것으로 예상되는 쓰레기의 배출을 안전하게 관리할 수 있는 방법은 적어 보인다.

한국의 상황도 좋지 않다. 환경부가 2014년에 처음 실시한 폐기물 매립장 주변 지역의 오염도 조사에서 약 40퍼센트가 우려 기준을 초과한 것으로 나타났다. 심한 곳은 기준의 643배까지 초과했다고 한다. 우려 기준은 사람의 건강 및 재산이나 동물·식물의 생육에 지장을 줄 수 있는 정도라고 한다. 결국 오염된 토지에서 생산된 것이 우리 입으로 들어가고 있는 것이다.

---

* 흑사병은 위생 상태가 나쁜 곳에서 쉽게 확산되었다. 당시 유럽의 미흡한 폐기물 처리 방식 때문에 지역 인구의 30~60퍼센트가 사망하는 최악의 결과가 나타났다.

　　　　　　　　　　　　　　지속가능은 가능한가?

지구의 골든타임에 소환되는 어벤저스

———

지구가 회복하기 어려운 수준까지 파괴된 데에는 인류의 늦장 대응이 큰 몫을 했다. 산업화는 19세기부터 진행됐지만 유엔의 첫 환경대책회의는 1972년에 소집됐고, 기후협약이 도출되기까지 다시 20년이 걸렸으니 국제사회의 대응은 절대 빠른 것이 아니었다. 좀처럼 속도를 내지 못하던 논의는 1992년 리우협약, 1997년 교토의정서로 발전해 실질적인 온실가스 감축 목표를 정했으나, 급격히 성장하고 있는 산업을 통제하기에는 역부족이었다.

큰 소리로 째깍거리는 환경 시계에 아랑곳하지 않고 이 합의는 우선순위에서 밀리는 모습을 보였다. 협약에 서명했던 주요 탄소 배출 국가들은 개발국과 저개발국으로 나뉜 진영 싸움과 협약 미이행 시 부과되는 징벌 등에 대한 불만을 이유로 참가를 포기했다. 이로 인해 각 협약의 실효성은 반 토막 났다.*

2015년 더 많은 나라의 참여를 이끌어내기 위해 비징벌적이고 자발적인 참여를 기반으로 하는 협약이 제시됐다. 이 제안을 받아들인 170여 개국은 파리기후변화협약에 서명하며 다시 한 번 희망적인 기

———

* 거의 유일하게 성공에 가까운 협약은 1987년 프레온가스 등의 오존층 파괴물질을 규제하는 몬트리올의정서. 이후 오존층이 회복되는 등 큰 성과를 냈지만, 최근 중국의 프레온가스 사용 급증으로 인해 다시 위험권에 접근했다.

류를 만들어냈다. 하지만 국제정치는 수시로 모양이 변하는 퍼즐 조각 같아서, 파리기후변화협약에 서명한 잉크가 채 마르기도 전에 온실가스 배출 2위 국가인 미국이 돌연 탈퇴를 선언했다. 그 바람에 다른 협약들도 난항을 겪을 조짐이 보이고 있다. 미국은 일본, 영국과 함께 2017년 탄소 배출 감축에 성공한 몇 안 되는 나라이기에 우려가 더 클 수밖에 없다.

1999년, 당시 코피 아난Kofi Annan 유엔 사무총장은 "정부 혼자 할 수 없다"라는 파격적인 선언과 함께 민간기업에게 사회적 책임을 기반으로 한 협력을 요청했다. 그는 세계경제포럼World Economic Forum: WEF 기조연설에서 기업들을 향해 '인간적인 자본주의'를 위한 국제조약Global Compact: UNGC*을 맺자는 제안을 내놓아 많은 민간기업의 참여를 이끌어내는 데 성공했다.

연이어 그는 글로벌 자본시장도 공략했다. 유엔은 시장의 '큰 손'인 기관투자가들을 설득해 2006년 유엔 책임투자원칙Principles for Responsible Investment: PRI을 제정하여 환경, 사회, 지배구조Environment, Social, Governance: ESG 세 가지를 고려한 투자를 장려했다. 30개 투자기관으로 시작한 PRI는 2018년 1800개 기관으로 확대되었고, 서명한

---

* UN 글로벌 콤팩트는 2019년 현재 160개국 1만여 개 기업이 회원으로 참여하고 있으며, 한국에서도 250여 개 기업이 회원사로 활동하고 있다.

지속가능은 가능한가?

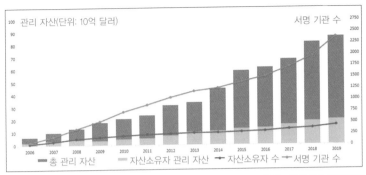

출처: 유엔 PRI 홈페이지

기관이 운용하는 자산 규모는 800억 달러(한화 약 88조 원)로 전 세계 GDP 총액보다 많은 성과를 보였다.

또한 코피 아난 사무총장은 당시 하버드대학 교수였던 제프리 삭스Jeffrey Sachs를 특별자문으로 임명해, 빈곤 퇴치와 환경 복원 등 8개 주요 목표를 15년 안에 달성하는 '새천년개발목표Millennium Development Goals: MDGs'라는 포괄적 협력안을 제정하고 공공 분야와 민간 분야를 아우르는 행동지표를 고안했다.

반응은 뜨거웠다. MDGs는 10억 명을 빈곤으로부터 구제하는 등 야심차게 설정한 목표들의 통합 달성률이 60퍼센트*가 넘는 믿기

---

* MDGs의 60여 개 지표의 달성률을 필자가 통합해서 계산한 평균이다. 정확한 수치로 나타내기 어렵거나 자료가 불충분한 내용은 보수적으로 계산하거나 제외했다.

힘든 성과를 냈다.* 2015년 MDGs가 종료됨과 동시에 유엔은 지체 없이 다음 15년을 위한 '지속가능발전목표Sustainable Development Goals: SDGs'를 결의해 차세대 공동 목표를 발표했다.

지금은 고인이 된 코피 아난 유엔 사무총장은 다급한 시점에 비범

---

* 유엔이 설립된 지 60년이 다 되어가는 시점까지 해결하지 못한 문제를 15년 만에 절반 이상 달성한 것은 고무적이다. 가시적이고 측정 가능한 목표의 달성은 당시 유엔 회원국들이 느끼고 있던 '개발 피로(development fatigue, 장기간 지원한 개발도상국이 의미 있게 발전하지 않았다는 인식에서 온 피로감)'를 해소하고, 개발 예산을 증액하는 데에도 효과적이었다.

지속가능은 가능한가?

한 결단으로 잘 어울리지 않던 정부, 기업, 투자 분야를 소집해 명확한 목표를 제시하고 떠났다. 같은 배를 탄 이들은 인류가 자멸하기 전에 과연 협력할 수 있을까?

가파른 경제 발전을 이룬 인류는 이제 지난 세기의 개발 역사를 숙고하는 시기를 맞았다. 산업 발전의 100년 역사가 인간의 유능함을 보여줬다면, SDGs를 기점으로 시작되는 앞으로의 100년은 인류의 책임감과 공존 능력을 시험할 것이다. 가속되는 기술 발전과 인구 증가로 인한 자연 파괴를 보며, 필자는 SDGs가 효력을 갖는 15년이 성숙한 책임사회로 전환할 '골든타임'이라고 생각한다. SDGs의 실패, 곧 어벤저스의 실패는 절망적인 결과를 가져올 것이다.

도래하는 책임사회와 기업의 역할

———

"지능이 있다면 자신의 유일한 보금자리인 행성을 파괴할 생물은 없다

No intelligent species would destroy its only home and planet."

_환경 관련 집회에 등장한 피켓 문구 중에서

모든 것이 '어벤저스'의 의지에만 달려 있었다면 미래는 여전히 불투명했을 것이다. 하지만 새로운 바람이 불기 시작했다. 유엔이 고군

분투해온 노력의 산물일까. 이전 세대의 실수에 대한 차세대의 반격일까. 글로벌 세상에서 자란 젊은이들이 시장을 바꾸기 시작했다.

Fact 4. 2010년대 중반에 접어들자 친환경적 소비가 급물살을 탔다. 밀레니얼 세대*를 앞세운 가치 소비 트렌드는 지속가능한 브랜드sustainable brand에 대한 시장성을 키워주었다. 2020년에는 밀레니얼 세대가 전 세계 자본의 70퍼센트에 대한 결정권을 가지게 될 것이다. 이에 맞춰 주류 회사들도 발 빠르게 지속가능성을 강조하는 마케팅을 시작하고 있다.

공기, 물, 식품의 오염 등 소비자가 체감할 수 있는 건강 리스크가 높아지면서 중장년층이 새로운 소비 트렌드에 가세했다. 건강하고 믿을 수 있는 식품을 구매하고자 하는 부모들이 늘면서 친환경 소비는 기존에 국한되어 있던 가치 소비의 영역(추상적 개념, 실행도 낮은)에서 점점 당연한 구매(일상적 개념, 실행도 높은)로 자리 잡아가고 있다.

Fact 5. 소셜 미디어 이용 증가로 인해 기업의 '이미지 관리'가 더욱 어려워졌다. 2015년 폭스바겐의 '디젤게이트'가 터지자마자 뉴스는 SNS를 타고 지구의 끝까지 전해졌다. 폭로 당일 폭스바겐은 주가

---

* 1980~2000년에 태어난 세대. 아무리 연봉이 높더라도 목적과 책임성이 없는 회사를 기피하고, 소비 역시 친환경적으로 하는 것을 선호한다. 연구에 따르면 밀레니얼 세대의 75퍼센트, 미국 베이비붐 세대의 50퍼센트 이상이 가격이 더 비싸더라도 지속가능한 브랜드를 구매하겠다고 응답했다.

가 하루 사이에 30퍼센트나 떨어지는 수모를 겪었다. 이후 폭스바겐은 33조 원이 넘는 보상금을 지불해야 했으며, 아직까지도 국가별로 다양한 판매 제재와 소송에 시달리고 있다. 2017년 SNS를 통해 유명해진 유나이티드항공사의 '승객 테이저 사건'* 동영상은 하루 만에 860만 회라는 조회수를 기록했고, 항공사는 기업 이미지에 회복하기 어려운 타격을 입었다.

최근에는 사외 익명 게시판 앱이 생기면서 회사의 불법적·비윤리적 관행을 폭로하는 일이 잇따르고 있다. 이런 변화는 지속가능 경영을 등한시하는 기업에게 특히 큰 리스크 요소가 되고 있다.

지구는 위기를 맞았지만, 때마침 책임사회를 중시하는 훈풍이 불고 있다. 자본과 인적 자원, 소비자가 친환경적으로 바뀌며, 지속가능성은 기업이 외면하기 힘든 주제가 되고 있다. 글로벌 경영 컨설팅 회사인 액센츄어Accenture와 유엔 글로벌 콤팩트가 2013년에 실시한 설문조사에 따르면 CEO의 78퍼센트가 지속가능성이 비즈니스에 도움이 될 것이라고 인식한다고 답했다. 마케팅 조사 전문업체 닐슨컴퍼니는 역으로 "지속가능하지 못한 브랜드unsustainable brands는 회사에 리스크 요소가 될 것"이라고 경고했다.

---

* 항공사가 '초과 예약'을 이유로 승객 4명을 강제로 비행기에서 내리게 하는 과정에서, 이를 거부하한 승객을 테이저로 제압한 다음 끌어내린 사건. 처음에는 사건 피해자가 중국인으로 알려졌으나, 베트남계 미국인 의사인 것으로 밝혀졌다.

2. SDGs 시대를 선도할 우량기업의 특징

　지속가능성에 대한 인식이 빠르고 넓게 확산되면서 사업 환경에 지각변동이 일어날 전망이다. 앞으로 다가올 SDGs 시대를 주도하는 기업들은 어떤 특징이 있는지 점검해보자.

더욱 잦아지고 다각화되는 민관협력에 능하다

　지지부진하던 국제사회의 환경 논의는 회의장을 벗어나 넓은 사회의 공동 노력이 되어가고 있다. 아직은 고도화되지 못했지만 인류 역사상 처음으로 정부와 시민단체, 민간기업이 같은 목표를 향해 노력하기 시작했으며, 주로 '에코시스템 구축ecosystem building'이라는 명제 아래 협업 플랫폼들이 구축되고 있다.*

　자연스럽게 SDGs에 참여하는 개체들을 중심으로 민관협력Public-Private Partnership: PPP의 기회가 넓어지고 있다. 유엔 내에서는 SDGs가 발족한 이후 목표별로 각국 대표부, 국제 NGO 등의 시민단체, 기업

---

* 중국의 전자상거래 기업 알리바바는 이미 에코시스템 구축을 미래 사업 전략의 핵심으로 삼아, 2015년 기업공개 시 민관협력 등을 통한 사회문제 해결책을 구상하고 현실화해나가고 있다.

및 벤처기업 등이 워킹그룹Working Groups 또는 연합체Coalition를 구성해 정보 교환 및 협력사업을 도모하고 있다.

민관협력이 가능한 이유는 기업과 공공기관이 같은 사회적 가치를 추구하는 영역이 있기 때문이다. 나이키의 러닝앱Running App과 웨어러블 기술이 그중 하나다. 마케팅 용도로 고객이 운동 후에 소셜미디어에 소소한 과시를 할 수 있도록 만든 기술인데, 결과적으로 사용자가 신체활동을 더 많이 하도록 하는 사회적 인센티브를 제공하고 있다. 한편 서울시는 '걷는 도시 서울'을 만들기 위해 2019년에만 1025억 원의 예산을 투입했고, 부산시는 2022년까지 '걷기 좋은 보행도시'를 만들기 위해 1조 원의 예산을 들이고 있다. 과연 공공기관의 예산 사용이 더 효율적일까, 아니면 나이키의 러닝앱이 더 효율적일까? 정답은 기관과 민간기업이 협력할 때 가장 효율적이라는 것이다. 참고로 걷기와 뛰기는 SDGs 세 번째 목표(건강과 웰빙)에 직접적인 기여를 한다.

더 가까운 예로 서울시는 2018년 공유경제 활성화와 환경보호를 목적으로 나눔카 서비스를 개시했다. 이 서비스는 스타트업인 쏘카SOCAR와 그린카GreenCar의 (전기)자동차와 플랫폼을 이용해 제공된다. 파격적인 점은 서울 시내의 대로 한복판에 자동차 주차구간을 만들어 마치 공유자전거처럼 이곳에서 차를 빌리고 반납하게 한 것

UN 지속가능발전목표의 17개 목표를 형상화한 로고 모음

이다. 서울시의 입장에서는 공유경제 활성화와 친환경 기술 활용이라는 명분이 있고, 참여하는 스타트업의 입장에서는 가장 큰 문제인 주차공간을 확보하고 광고 효과도 볼 수 있기에 매력적인 협력 모델이 아닐 수 없다. 주차 및 교통체증 해소와 녹색에너지 활용은 각각 SDGs의 열한 번째 목표(지속가능한 도시와 커뮤니티)와 일곱 번째 목표(모두를 위한 깨끗한 에너지)에 해당한다.

지속가능은 가능한가?

고객의 가치를 실현하며 부를 창출한다

———

SDGs를 바라봤을 때 우리는 각각의 목표가 지구 시민의 필요와 염원을 담은 것이라는 사실을 기억해야 한다. 비즈니스 차원에서 지속가능발전목표는 유엔 회원국과 전 세계가 발굴한 '세계 시민의 니즈'이며, 어느 정도 보장된 수요로 볼 수도 있다. 지속가능기업협의회 WBCSD는 이 수요의 가치를 120억 달러(약 14조 원)로 추정하고 있다.

그러나 SDGs를 활용하려는 기업이 초기에 흔히 저지르는 실수는 자사의 제품과 서비스가 해당하는 SDGs 목표를 나열하는 데에서 그치는 것이다. 광범위한 SDGs 중 관련 있는 목표를 찾는 것은 어렵지 않은 일이나, 연례적으로 발간하는 '기업 지속가능 보고서'의 몇 줄을 차지하는 것 외에 별다른 가치를 제공하지 못하고 있다.

SDGs를 잘 활용하는 기업은 각 목표에 내포되어 있는 가치와 회사의 본질적인 가치를 연결한다. 얼마 전 국내에 출간된 책 『빅프라핏 *Big Profit*』에 소개된 예를 들어보자. 체중계를 생산하던 업체인 타니타TANITA는 사내식당에서 건강식을 제공해 요식업계에서 히트를 치게 된다. 기업의 비즈니스를 '체중 측정'에서 '건강 측정'으로 변신시킨 전략이 통한 것이다. 타니타는 또한 체지방계를 세계 최초로 발명했으며, 운동·휴식·질병까지 측정해 토털 헬스케어 솔루션으로 자리매김했다. 도태되는 체중계 시장에서 발 빠르게 노선을 변경해, 2020년까지 매년 21퍼센트 성장률이 예상되는 디지털 헬스케어 시장의 선두주자가 될 수 있었다.

타니타의 성공 비결은 생산자의 입장에서 탈피해 고객의 가치를 파고들었다는 것이다. 서구화된 식생활로 인해 건강문제를 겪는 고객들에게 필요한 것이 무엇인지 타니타는 놓치지 않았다.*

SDGs 세 번째 목표인 '건강과 웰빙'은 이러한 시대적인 필요를 잘 대변해주고 있다. 193개 유엔 회원국이 보고하는 건강지표가 점차 표준화되면서, 타니타 같은 회사는 자신들이 공략해야 하는 고객군이 어느 나라에 있는지 더욱 편리하게 확인하고 모니터링까지 할 수 있다.

SDGs에 적극 참여하는 기업에게는 해당 SDG를 중심으로 활동하는 워킹그룹도 활용가치가 크다. 타니타도 마케팅의 일환으로 지역주민의 건강을 측정하는 캠페인을 진행했다. 이처럼 워킹그룹에서 지역사회와 이해관계가 잘 맺어진 국제기구 또는 비영리기관을 어렵지 않게 찾을 수 있다. 해당 기관과의 브랜드 공유를 통한 부가가치

---

* 사회환경의 가치와 기업의 비즈니스가 일원화된 것을 'impact-profit alignment'라 부르는데, 이 부분은 필자가 자문하거나 컨설팅하는 기업들과 가장 심도 있게 논의하는 내용이다.

의 창출도 덤으로 얻을 수 있다.

마지막으로 몇몇 기업은 SDGs를 활용해 기업과 고객의 관계를 재정의하고 있다. 이들은 제품의 생산활동 및 구매활동을 SDGs라는 공동 목표를 달성하기 위한 수단으로 여긴다. 또한 고객을 사회환경 가치를 실현하는 동반자로 승격시켜 높은 고객 충성도와 참여도를 자랑하는 비즈니스 모델을 구현했다.*

'지속가능성'에 대한 기여는 지표가 말해준다
——

위 두 가지 기업 유형이 현실화되려면 SDGs를 활용했을 때의 회사 이익과 사회 기여가 확실해야 한다. 필자와 비즈니스 모델을 점검한 기업들은 주로 사회문제 해결에 적극적으로 기여하고자 했지만, 사업 규모가 큰 회사일수록 성과 측정의 어려움 때문에 접근을 꺼려했다. 점점 늘고 있는 임팩트 투자기관이 가장 난해하게 여기는 부분이 임팩트 성과 지표다.

---

* 이렇게 고객이 직접 마케팅에 참여하는 경우는 예상외로 많다. 아메리칸 엑스프레스 카드는 1983년 카드를 사용할 때마다 자유의 여신상 복원 기금에 기부되는 모델을 통해 사용량을 27퍼센트 늘리며 미국인의 충성도를 상승시킨 적이 있다. 또한 사회와 환경을 위한 가치 실현에 참여하고자 하는 시민들이 늘면서, 기존의 민관협력에 시민사회의 역할을 포함하는 Public-Private-People Partnership도 이런 모델을 통해 점차 현실화되고 있다.

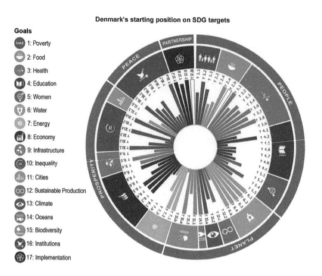

Denmark's starting position on SDG targets

Goals

1: Poverty
2: Food
3: Health
4: Education
5: Women
6: Water
7: Energy
8: Economy
9: Infrastructure
10: Inequality
11: Cities
12: Sustainable Production
13: Climate
14: Oceans
15: Biodiversity
16: Institutions
17: Implementation

SDGs 원년 기준 덴마크의 주요 지표
출처: OECD(2016), "Measuring the distances to the sdgs targets: a pilot study"

정답이 없는 분야이지만, SDGs의 기본적인 명제와 구성요소를 살펴보면 실마리를 찾을 수 있다. 먼저 SDGs 측정을 의무적으로 해야 하는 유엔 회원국의 보고 방식을 참고해보자.

SDGs 이행이 시작되는 2015년부터 유엔 회원국들은 목표 달성을 위한 시작점(베이스라인)을 검토했다. 이해를 돕기 위해 선진국으로 분류되는 덴마크의 지표(2015년 기준)를 참고하자. 덴마크는 시작부터 달성 목표에 가까운 지표들을 여럿 보여준다. 그런데 4번 교육 목표, 5번 성평등 목표, 12번 지속가능한 생산 및 소비 목표 등 비교적

지속가능은 가능한가?

시작점이 낮은 지표들도 있다. 유엔 회원국들은 여름마다 열리는 유엔의 고위정치회의High-level Political Forum: HLPF에서 SDGs의 이행 과정과 성과를 의무적으로 보고해야 한다.

참고로 SDGs 보고에 가장 적극적으로 참여하는 단체들은 유엔 기구, 국제 NGO, 재단, 청년 단체이며, 정부기관은 HLPF 보고를 담당하는 외교부와 지정된 주무기관* 위주로, 민간기업은 지속가능 경영 보고서를 담당하는 부서 위주로 참여하고 있다.

SDGs의 17개 목표는 여러 개의 세부 목표로 구성되고, 각 세부 목표는 다시 여러 개의 지표로 구성된다. 복잡하게 느껴질 수 있지만 아래의 표를 참고하면 어렵지 않게 이해할 수 있다.

구분	17개 주 목표	169개 세부 목표	240개 지표
설명	원대한 지향점	목표 달성을 위해 이룰 필수 성과	목표 달성도를 측정할 단위 또는 기준
예시	"키가 크고 싶다"	"185"	"cm"
실제	3번 목표:모든 연령대의 건강과 웰빙	3.2번 세부 목표: 5세 미만 영유아의 예방가능한 사망 근절	3.2.1번 지표: 예방 가능한 5세 이하 영유아 사망률

SDGs의 목표, 세부 목표, 지표의 차이점

---

* 대한민국 정부는 환경부를 SDGs 주무기관으로 지정해 운영하고 있다.

따라서 특정 사업이나 프로젝트를 추진할 때 가장 먼저 활용할 수 있는 측정 기준은 SDGs의 지표가 될 것이다.* 하지만 SDGs 지표는 국가 단위로 보고하게 되어 있어 중소기업에는 큰 의미가 없으며, 회사가 창출하는 가치와 정확히 접목되지 않는 경우도 많다.

가장 흔히 사용되는 사회성과지표는 206쪽에서 언급한 ESG로, 환경·사회·지배구조적인 임팩트를 분석하지만 SDGs만큼 공공기관에 의미가 있지는 않다. 아직은 공백이 많은 SDGs 평가 분야의 어려움을 극복하고 SDGs 유관기관과의 연계성을 강화하기 위해, 필자가 자문하는 한 회사는 유엔 사회개발연구기구RISD에 자신들만의 SDGs 성과지표 개발사업을 위탁하기까지 했다.

지표를 통해 사회환경적 기여를 가시화하는 기업은 국제기구 및 공공 분야와 협력하기가 용이해지고, NGO 등 시민사회 단체와의 의미 있는 연계도 수월하게 진행할 수 있다. 무엇보다 고객과 투자자를 대상으로 한 마케팅 용도로 유효하다. SDGs에 많은 자금과 수요가 생기는 시점에 임팩트를 계측할 수 있는 기업은 확실한 비교우위를 누리게 된다.

---

* 사회적 발전 지표는 여러 가지가 있으나, SDGs는 193개국이 만장일치로 채택한 것이다. 각 분야의 전문가 집단들이 오랜 기간 상의해 구성됐으며, 수백만 명의 일반 시민의 의견을 반영해 만들어진 지표인 만큼, 다른 지표들과 비교할 수 없는 상징성과 권위를 갖고 있다. 활용 시 효과도 가장 강력하다.

환경과 사람을 위한 법 규제를 선도한다

2030년까지 전 세계 정부와 NGO는 17개 주 목표, 169개 세부 목표, 240개 지표로 구성된 SDGs에 집중하게 될 것이다. 목표 달성을 위해 정부 차원에서 가장 먼저 할 수 있는 것은 목표와 상반되는 요소를 규제하는 것이다.

플라스틱 규제가 최근의 좋은 예다. 지난 몇 년 동안 유럽연합, 미국, 영국, 프랑스, 호주, 뉴질랜드에서는 비닐봉지, 비닐 포장, 플라스틱 빨대, 미세플라스틱의 사용을 제한하는 법률이 통과되고 있다. 대도시들도 레스토랑과 슈퍼마켓 등에서의 플라스틱 사용을 발 빠르게 규제하기 시작했다. 대한민국 환경부도 매장 내에서 일회용 플라스틱 컵의 사용을 규제하는 시행령을 입법하고, 국회에서도 의원들이 앞다퉈 플라스틱 규제 관련 법안을 내놓고 있다.

이처럼 빠르게 규제가 입법화되자 하얏트호텔, 알래스카항공, 맥도날드, 스타벅스는 오히려 선제적으로 빨대 사용을 중단하기로 결정했다. 이와 함께 유행처럼 번지는 종이 빨대, 대나무 빨대 등 일찌감치 친환경 빨대와 포장재 등을 개발한 회사는 시장 선점 효과를 누릴 수 있었다.

SDGs 시대를 선도하는 기업은 정부가 법과 시행령을 만들 때까지 기다리지 않는다. 오히려 국제기구와 정부를 초대해 관련 업계의 지속가능성을 극대화하는 방안을 적극적으로 모색한다.* 이런 노력은 ①국제기구 및 정계와의 접근성 강화 ②글로벌 브랜딩 효과 ③시장 주도권 확대 ④미래 환경 예측이 용이해진다는 면에서 기업에게도 매력이 있다.

실제로 뉴욕 유엔본부 코앞에 사무실을 둔 포드 재단Ford Foundation 은 마스터카드 재단, 힐튼 재단과 함께 SDGs 자선 플랫폼을 구축해 모금은 물론 유엔의 다양한 기구에 민간기업의 경험과 입장을 알리는 역할을 함으로써, 국제사회에서 지속가능발전목표 달성에 기여하는 기업으로 인식되고 있다. 또한 포드사는 자선 플랫폼을 통해 규제 등에 관한 동향을 예측하고 효과적인 대관 업무를 하는 데 필요한 주요 네트워크를 합법적으로 구성하게 된다.

"신호탄이 되어줄 기업을 찾습니다!"

———

우리에게 지속가능한 미래 이외에 다른 미래는 없다. SDGs의 등장

---

* 민간기업의 국제 정책 참여는 유엔에서 발간한 가이드라인에 포함되어 있는 내용으로, 국제사회에서 권장하는 중장기적 사회공헌 활동이다.

으로 환경보호와 사회 발전을 위한 어벤저스의 목표와 응집점이 생겼다. 하지만 실제 변화가 나타나려면 필요한 것이 또 하나 있다.

앞서 소개된 타니타의 식당은 처음부터 인기를 끌었던 것이 아니다. 건강식이지만 맛이 떨어지는 데다, 당시만 해도 건강을 따지는 식습관을 가진 고객이 적었기 때문이다. 하지만 이런 상황을 완전히 바꾼 직원이 있었다. 그 직원은 구내식당을 이용한 후 1년 만에 21킬로그램을 감량하는 데 성공했다. 이 극적인 성공 사례는 대단한 힘을 발휘했다. 곧 입소문을 타고 더 큰 성공을 만들어낸 것이다.

SDGs 시장이 본궤도에 진입하는 데 필요한 틀은 마련되었다. 전 지구적 공동 목표가 설정되고, 때마침 시장 상황도 SDGs에 매우 우호적이다. 벼랑 끝을 마주한 승객들도 머리를 맞대기 시작했다. 이제 필요한 건 지구의 골든타임이 지나기 전, 타니타의 직원처럼 신호탄이 되어줄 하나의 성공 사례다.

구멍 하나가 결국 댐을 무너뜨리듯이 SDGs를 활용해 독보적인 성장을 달성하는 기업의 존재는 800억 달러에 달하는 책임투자 자본이 마땅히 가야 할 곳을 알려줄 것이다. 그리고 어벤저스가 소임을 다할 수 있는 가장 큰 동력이 되어줄 것이다.

Chapter 6.
Blockchain

사회적 기업의
미래

The Future of Social Enterprise

이주열
MCA 청년자기다움학교 원장

아쇼카 재단을 만든 빌 드레이튼, 전쟁 이후 일본 재건에 큰 영향을 끼친 우치무라 간조, 김구, 안창호, 이동녕 등 위대한 민족지도자를 배출한 상동청년학원의 전덕기 목사에게 영향을 받았다. 빌 드레이튼, 우치무라 간조, 전덕기 목사처럼 대한민국의 미래를 책임질 청년들을 가르치는 학교를 만들어, 사회에 선한 영향력을 끼치는 사람들을 키우고자 '청년자기다움학교'를 세우게 되었다. 또한 경영컨설턴트로 경영 현장에서 일하면서 사회문제를 해결하는 기업가를 양성하기 위해 의미 있는 스타트업에 직접 투자하고 자문하여 성장할 수 있도록 꾸준히 돕고 있다. 보다 나은 세상을 만들기 위해 도전하는, 바보 같은 '스투피드 챌린저'들이 많아지길 간절히 기대하고 바라는 전략 실행가이다.

박성재
얍컴퍼니 CEO

법학을 전공했으나, 컴퓨터를 좋아해 IT 사업을 하고 있다. 하루 이용객 30만 명 이상인 유아교육 1위 사이트 '지니키즈'에서 오랜 기간 콘텐츠 제작, 마케팅, 로봇 개발 등 사업을 총괄해왔으며, 이후 대중교통 앱 개발업체인 도플소프트와 한국버스방송(얍TV)의 대표를 역임했고, 현재 얍컴퍼니 대표로 재직 중이다. 지금은 블록체인이 가져올 패러다임 변화를 설파하며, 국내외 블록체인 초창기 기술자들과 팀을 모두 모아 세계 시장의 문을 두드리고 있다. 암호화폐를 통해 달러를 거둬들이고 시장지배력을 강화하려는 미국, 중화경제권을 넓히고 통제를 강화하려는 중국, 블록체인을 기반으로 퀀텀점프를 할 수 있는 동남아시아 등, 3개 지역에서 자유롭게 사용할 수 있는 기축통화를 만들어내는 것을 본인의 운명으로 여기고 있다.

Intro. 사회적 기업의 미래

기업의 CEO나 임원들과 인터뷰를 해보면, 많은 기업들이 지속가능 경영 보고서를 작성하지만 해당 부서 이외에는 관심이 거의 없다는 것을 알 수 있다. 심지어 자기 회사가 어떤 사회적 활동을 하고 있는지 모르는 직원도 많다. 기업의 CSR, CSV 활동도 홍보 수단에 그치는 경우가 아직까지는 훨씬 더 많은 것으로 보인다. 의도적이고 의식적이고 목적 지향적이지 않은 활동은 결국 세상에 산적한 문제를 해결하는 데 집중하기보다는 기업의 이윤 추구 활동에 그칠 뿐이다.

그러나 블록체인이 기업에 접목되면 상황은 조금 달라질 수 있다. 평소 블록체인에 관심을 가지고 있던 후배가 이렇게 물어본 적이 있다. "블록체인과 암호화폐는 기업의 지속가능 경영에 어떤 기여를 할 수 있을까요? 기존 기업은 앞으로 어떻게 변화해야 하는 거죠?" 그때는 후배의 질문에 충분히 답해주지 못한 것 같다. 그래서 이 지면을 빌려 짧게 설명해보려 한다. 지속가능 경영의 화두 중 하나는 비즈니스의 안정성과 투명성이다. 기업이 안정적으로 오랫동안 비즈니스를 추진하려면 고객, 소비자, 이해관계자와 주주 등의 요구와 욕구를 정확히 파악해 반영해야 한다. 그 기본은 기업에 대한 신뢰이며, 신뢰는 기업이 제시하는 데이터의 양과 질이 얼마나 투명한가에 달려 있다.

예를 들어 식당에서 삼계탕을 먹는다고 생각해보자. 메뉴판에서는 이 삼계탕에 들어간 닭의 원산지를 밝히고 있다. 하지만 닭이 어디서 왔는지 손님이 직접 볼 수는 없다. 주방에서 음식을 만드는 사람조차도 이 닭을 어디서, 누가 키웠으며, 어떤 사료를 먹였고, 어느 경로를 거쳐서 식당까지 오게 되었는지 모를 것이다. 그러나 블록체인 기술을 활용하면 원재료의 생산과 유통 과정이 투명하게 공개되므로 고객의 신뢰를 높일 수 있다. 기업은 고객이 보지 못하는 프로세스 전반을 공개함으로써 신뢰라는 자본을 획득하고 지속가능한 경영의 토대를 쌓을 수 있게 된다.

실제로 생선 통조림을 생산, 판매하는 글로벌 기업인 존웨스트John West는 소비자들이 참치를 잡은 어부까지 추적해 확인할 수 있게 하는 코드를 도입했으며, 더 나아가 공급망에 대한 정보도 공개했다. 그 후 이 기업은 매출이 증가해 약 2200만 달러 이상의 순이익을 냈다고 밝혔다.

인터넷의 등장으로 정보 전달 비용이 0원으로 수렴되면서 정보혁명이 일어났다. 이는 스마트폰이라는 개인 디바이스의 확산으로 귀결되었다. 그리고 지금, 금융비용과 중간수수료가 0원으로 수렴되는 블록체인이 등장하면서 또 한 번의 패러다임 변화가 일어나고 있다. 커뮤니티에 투자하는 블록체인 혁명은 강력한 금융 플랫폼과 기존 기업의 비즈니스 모델을 무너뜨리는 철학을 무기로 기업 생태계에 큰 변화를 예고하고 있다.

인터넷 정보혁명의 최종 승자를 살펴보면 한국에도 많은 기회가 있었음을 알 수 있다. 유튜브, 다이얼패드, 페이스북이 등장하기 이전에 판도라 TV, 스카이프, 싸이월드가 한국에 있었다. 2004년 안드로이드 개발을 총괄한 앤디 루빈Andy Rubin이 삼성전자에 투자를 요청했던 것도 유명한 일화다.

블록체인이 가져올 패러다임 변화가 곧 한국 기업이 지속가능 경영의 방향성을 인식하고 더불어 글로벌 리더로 성장할 기회가 될 수 있음을 제시하고자 이 글을 쓰게 되었다. 블록체인을 단순히 포인트 시장에 보안기술을 가미한 기술로 이해해서는 안 된다. 이 글이 블록체인의 탄생 역사와 철학에 대한 이해를 바탕으로 패러다임 변화에 발 맞춰 나아갈 수 있는 작은 이정표가 됐으면 하는 바람이다.

1. 블록체인과 기업의 변화

블록체인의 탄생과 역사적 의의

————

　블록체인의 핵심 기술인 분산컴퓨팅에 대한 연구는 2013년 튜링상을 받은 미국의 컴퓨터 과학자 레슬리 램포트Leslie Lamport의 논문 「비잔틴 장군 문제*The Byzantine Generals Problem*」(1982)로 거슬러 올라간다. 이 기술은 사토시 나카모토Satoshi Nakamoto가 2008년에 발표한 논문 「비트코인: 개인 간 전자화폐 시스템」을 통해 세상 밖으로 나오게 되었고, 2009년 비트코인이 탄생하게 된다.

　2008년은 미국의 글로벌 투자은행 리먼브라더스Lehman Brothers 파산의 여파로 세계 금융위기가 발생한 해다. 당시 미국 연방준비제도이사회FRB는 사태를 진정시키기 위해 달러를 발행했다. 하지만 이로 인한 시뇨리지seigniorage*는 피해를 본 일반 대중에게 돌아간 것이 아니라, 금융권의 보너스 잔치로 귀결되었다. 이에 대한 반발로 '월가를 점령하라Occupy Wall Street'는 구호를 외치는 시위가 일어났고 기축통화인 달러의 위상도 흔들리기 시작했다.

————

* 화폐 발행으로 얻는 이익. 화폐 주조 차익 또는 화폐 발권 차익.

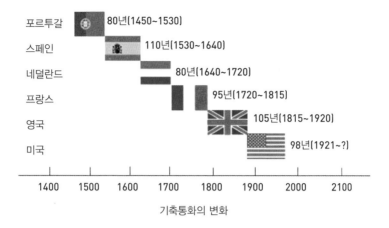

포르투갈	80년(1450~1530)
스페인	110년(1530~1640)
네덜란드	80년(1640~1720)
프랑스	95년(1720~1815)
영국	105년(1815~1920)
미국	98년(1921~?)

기축통화의 변화

비트코인은 단순히 암호화 기술이 발전함에 따라 나타난 것이 아닙니다. 세계 금융위기에 대한 반발로 중개상을 배제해 금융비용, 중개수수료가 없는 개인 간 직접 P2P로 거래할 수 있는 화폐 시스템이 탄생한 것이다. 당시 일어났던 월가 시위는 하나의 지나가는 뉴스거리로 기억될 뿐이지만, 그러한 대중의 분노와 요구가 쌓여 암호화폐를 탄생시키게 되었다.

2019년은 달러가 기축통화가 된 지 98년 되는 해다. 만약 암호화폐가 그 지위를 이어간다면, 달러 패권시대에 대한 반발과 누적된 부작용으로 암호화폐가 탄생했다고 역사적 의미를 부여할 것이다. 세계 금융위기 이후 이어진 중국과 미국의 화폐전쟁이나 무역전쟁을 단순히 국가 간의 헤게모니 싸움으로만 볼 일이 아니다. 달러 패권시

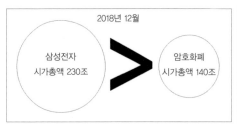

삼성전자와 암호화폐의 시가총액 변화 (단위:원)

대와 금융공학의 누적된 반발이 암호화폐의 탄생으로 연결되는 역사적 흐름을 지켜볼 필요가 있다.

이 사태는 암호화폐가 기축통화가 되는 결과로 귀결될 것으로 본다. 이미 자원 거래를 중심으로 암호화폐가 통용될 조짐이 나타나고 있으며, 암호화폐가 교환가치를 확보하는 시점에 기축통화가 변화할 것으로 본다.*

비트코인이나 이더리움 등 우리가 아는 암호화폐의 전체 시가총액은 2018년 12월 기준으로 150조 원**에 미치지 못했다. 삼성전자의

---

* 1세대 암호화폐인 비트코인은 화폐의 주요 기능인 가치 저장의 기능은 확보했으나 교환가치를 확보하지 못했다. 2세대인 이더리움은 비트코인에 스마트 컨트랙트라는 화두들 던지고 교환가치를 가질 수 있는 교두보를 만들었다. 3세대 암호화폐는 교환가치를 확보한 암호화폐가 될 것이다. 인류 화폐의 역사를 보면 화폐는 먼저 교환가치가 만들어진 후 가치 저장의 기능을 가지게 되었다. 거꾸로 암호화폐는 가치 저장의 기능이 만들어진 후 교환가치가 만들어지는 과정에 있다.

** 코인마켓캡(www.coinmarketcap.com)에 등재된 700위 코인 시총 총합 기준.

　지속가능은 가능한가?

시가총액보다 한참 적었다. 그런데 2019년 8월 암호화폐 시가총액은 333조 원으로, 8개월여 만에 2배 이상 증가했다. 같은 기간 삼성전자의 시가총액은 30조 원가량 늘어난 260조 원으로, 이 사실은 암호화폐 시장의 가능성을 보여준다고 할 수 있다.

현재 암호화폐 시장은 크립토펀드*가 투자를 주도하던 시장에서 일반 기관투자가가 주도하는 시장으로 바뀌고 있다. 스위스는 암호화폐 시장이 국가적으로 100년 만의 기회라고 선포하고, 최근 증권거래소에서 세계 최초로 암호화폐 ETF**를 승인한 바 있다. 이것이 의미하는 바는, 시작은 비트코인, 이더리움 등의 지수에 대한 투자를 의미하지만 이어 개별 암호화폐들이 나스닥과 다우에 상장하게 될 것이라는 신호이기도 하다. 나스닥, 다우에 들어가던 자금들이 암호화폐에 투자된다면 시장에 많은 변화가 일어날 것이다. 비트코인으로 투자된 자금이 다시 알트코인***으로 재투자되고 이어 관련 스타트업 재투자로 이어진다면, 교환가치를 확보한 암호화폐를 중심으로 암호화폐 시장의 2차 성장이 일어날 수도 있다.

2019년은 암호화폐 시장에 큰 변화가 예고되는 시기다. 전체 시가

---

* 암호화폐에 투자하는 전용펀드.

** Exchange Traded Fund, 즉 지수연동형 인덱스펀드. 비트코인, 이더리움 등의 암호화폐에 직접 투자하는 것이 아닌 지수에 투자한다고 생각하면 이해하기 쉽다.

*** 비트코인을 제외한 모든 가상화폐를 말한다.

총액의 50퍼센트를 차지하는 비트코인 진형에서부터 시작될 것으로 보인다. 2020년 다가올 반감기*를 전후해 비트코인 진형 내부의 큰 변화가 예상된다. 채굴할 수 있는 비트코인이 얼마 남지 않았고 채굴 난이도가 점점 올라가기 때문에 다양한 문제들이 발생할 수 있다. 그 문제들을 해결하기 위해 비트코인 진형 내 참여자 간 합의 또는 분리(하드포크)가 있을 것이다. 그동안 비트코인은 대폭락을 다섯 번 경험했다. 대체로 동일한 하락폭을 반복했는데 2018년 말에 또 한 번 동일한 하락폭을 보였다. 2019년에도 비트코인의 가격, 기술, 거버넌스 등 모든 부분에서 거대한 변화가 일어나리라 짐작된다.

날짜	최고가($)	최저가($)	하락폭(%)
2017. 12. 17~	19.891	3.285	83.50
2013. 11. 29~2015. 8. 18	1.141	152	86.70
2013. 4. 10~2013. 4. 12	259	34	82.60
2011. 8. 19~2011. 11. 21	12	2	83.30
2011. 6. 11~2011. 11. 21	35	2	94.30
평균			85.30

비트코인의 대폭락 시기와 하락폭

---

* 비트코인은 4년에 한 번 반감기라 해서 채굴 난이도가 올라가도록 설계되어 있다. 돌아오는 반감기는 2020년 5월 25일경이다. 2024년 반감기가 되면 남은 비트코인이 3퍼센트 정도밖에 되지 않을 것이다.

지속가능은 가능한가?

블록체인 혁명과 패러다임 변화

―――

블록체인 혁명은 금융비용과 중개수수료를 0원으로 수렴해 정보 혁명에 가까운 또 한 번의 패러다임 전환을 예고하고 있다. 기존 기업들의 주요 수익 모델이 수수료라는 점을 고려할 때, 블록체인으로 무장한 기업들이 금융비용과 수수료를 배제한 비즈니스 모델을 가지고 하나씩 나타난다면 새로운 기업들이 기존 기업들을 차례로 대체할 가능성이 있다.

과거에도 패러다임의 변화는 새로운 기업의 등장을 불러왔다. 브로드밴드 네트워크 시대에는 CISCO, IBM 같은 기업이 전 세계 시가총액 상위 기업으로 올라섰으며, 국내에서도 메가패스, 두루넷 같은 인터넷 기업들이 나타났다. 이후 소셜 미디어 네트워크 시대에는 페이스북, 유튜브, 라인 같은 인터넷 서비스 기업들이 성장하기 시작했다.

마찬가지로 블록체인 네트워크 시대에는 먼저 CISCO, IBM 같은 기반 기술인 블록체인 메인넷을 중심으로 한 기업들이 성장할 것이고, 이어서 기존의 기업들을 대체할 서비스 회사들이 하나씩 나타날 것으로 보인다.

기존 기업의 투자 환경은 MVP Minimum Valuable Product(시제품)가 나오면 초기 시드투자PreA가 가능하고, 이어 기업의 성장 과정에 따라 순차적으로 투자 규모가 확대되며 시리즈 A, B, C로 투자를 받게 된다. 인터넷, 스마트폰 혁명 초반기에는 스타트업이 위의 투자 순서를 밟으며 거대 기업으로 성장할 수 있는 시장이 있었다. 하지만 이제 구글, 애플, 알리바바 등의 자이언트 기업들이 지배하는 독점시장에서는 신생기업이 위 과정으로 성장하기 어려워졌다.

블록체인 생태계에는 강력한 금융 플랫폼이 있다. 블록체인은 기존 시장의 강자와 싸울 수 있는 무기인 금융 플랫폼을 제공한다. 즉 대규모 금액을 선투자함으로써 글로벌 자이언트 기업과 싸울 수 있는 무기를 주는 것이다.

하지만 사업 경험이 없는 블록체인 기업들이 사업계획만으로 큰 금액을 선투자받는 것에 대한 우려의 목소리도 있다. 선투자받은 회사들은 아직 기업 시작 단계인데도 벌써 돈을 벌었다고 생각해서 사업 및 시스템 개발보다는 코인 가치 상승을 위한 홍보와 네트워킹 활동에 주력하게 되었다. 이에 많은 기업들이 스캠SCAM, 즉 사기로 분류되는 상황이 발생했다. 처음부터 작정하고 사기를 친 경우도 있으나, 경험 부족으로 어쩔 수 없이 스캠화한 경우가 대부분이다.

지속가능은 가능한가?

그러면 왜 블록체인 생태계에서는 선투자가 이루어지는지 생각해 볼 필요가 있다. 그 원인이 향후 블록체인 기업의 투자기준이 될 것이라 본다. 이를 알아보기 위해서는 블록체인의 탄생 배경을 살펴봐야 한다.

블록체인은 앞서 말한 바와 같이 중개수수료와 금융비용을 없애고 P2P로 직접 거래하는 것을 의미한다.* 즉 블록체인은 중개수수료를 받는 기업이 아닌 커뮤니티에 직접 투자하는 것이다. 커뮤니티를 이미 가지고 있다면 선투자가 가능하다. 그리고 이는 사업계획서인 백서와 사업계획서의 구속력을 보장할 수 있는 스마트 컨트랙트**를 바탕으로 회사의 방향에 대한 명확한 지침을 커뮤니티에 공유하고 약속할 때 가능하다. 최근 스캠 기업이 늘면서 리버스 ICO***가 뜨고 있다. 리버스 ICO도 커뮤니티를 기확보한 프로젝트의 한 종류로 볼 수 있다.

커뮤니티의 개념을 설명하기 위한 예시로 강원도 양양에 있는 서퍼비치를 살펴보자. 처음에는 몇몇 서핑족이 커뮤니티를 이루어 소

---

* 토큰이코노미. 중개수수료나 금융비용을 없애고, 소유를 사용으로 바꾸는 등 블록체인 생태계의 경제 시스템을 일컫는다. 토큰이코노미에 대해서는 여러 가지 정의가 있으나, 필자는 이 부분을 토큰이코노미라 부른다.

** 스마트 컨트랙트는 디지털 계약이자 명령어를 가리킨다. 기존의 서면 계약서는 계약 조건을 이행하려면 사람이 직접 계약서대로 수행해야 하지만, 디지털 명령어로 계약서가 작성되면 조건에 따라 계약 내용이 자동으로 실행된다.

*** 주식을 상장하는 것을 IPO라 하며, 코인을 상장하는 것을 ICO라고 하는데, 리버스 ICO는 기존 기업이 코인을 발행하고 상장하는 것을 말한다.

그룹으로 즐기던 해변가였다. 이후 이곳을 찾는 서핑족이 점점 늘었고, 어느 순간 핫플레이스가 되어 지금은 부동산 가격도 껑충 뛰어올랐다. 서핑족이라는 집단적 인플루언서들의 방문이 부동산 가격을 올려놓았으나, 부동산 수익은 가격을 올린 집단(커뮤니티)이 아닌 부동산 주인에게 돌아갔다. 이러한 서핑족 커뮤니티를 기반으로 부동산 개발과 연계한 블록체인 프로젝트를 진행하면 부동산 개발이익의 환원, 중개수수료 없는 공동구매 등 다양한 활동이 가능하다. 최근 이슈가 되고 있는 젠트리피케이션의 해결책이 나올 수도 있다.

블록체인과 사회적 기업의 미래

——

과거에도 블록체인과 같은 플랫폼은 다양하게 존재했다. 조합, 아나바다 운동, 공동구매, 벼룩시장, 할인데이, 상조, 바우처, 기부, CSR 등이 모두 커뮤니티 구성원들을 위한 플랫폼의 역할을 했다고 볼 수 있다. 이 같은 플랫폼이 작동하는 원리는 선의에 기대는 측면이 크고, 때로는 커뮤니티의 이익보다는 기업 또는 집단의 이익에 초점이 맞추어질 수밖에 없다. 또한 집단이나 기업의 비용 발생도 항상 수반되었다.

블록체인이 기존의 플랫폼들과 다른 점은 이 같은 개별 플랫폼들

지속가능은 가능한가?

의 종합 플랫폼이라는 것이다. 즉 위변조가 불가능하고 신용을 제공하는 탈중앙화 시스템에 의해 금융비용이나 중개수수료를 없애고, 그 혜택을 커뮤니티에 직접 돌려주게 된다.

알기 쉽게 상품권을 예로 들어보자. 과거에는 상품권을 유통시키려면 한국은행에 발권 비용을 지불해서 위변조가 어려운 상품권을 찍어내야 했다. 여기에 신용을 더하고 유통하기 위한 금융기관이 필요했고, 그에 따른 금융비용이 발생했다. 관련 서비스를 제공하기 위해 중앙화된 서비스 기업의 중개수수료 또는 서비스 이용 요금이 추가로 발생했다. 이런 과정에 들어가던 비용들을 없애고 커뮤니티에 혜택을 돌려주는 플랫폼이 바로 블록체인이다.

블록체인은 기업 활동에 많은 변화를 줄 것으로 예상된다. 우선 기존 기업들은 신생 블록체인 기업에 맞서기 위해 기존 수익원이던 수수료를 없애야 한다는 도전을 받게 된다. 예를 들면 대한민국 카드회사의 1년 수수료 수익은 11조 원이 넘는데, 카드회사는 이러한 수수료 수익에 대한 도전에 직면하게 될 것이다. 소비의 개념이 공유와 참여로 재정의되고, 이에 해당 커뮤니티를 정의하고 그 구성원들을 참여시키는 방식에 대한 합의 과정까지도 기업 활동이 될 수 있다.

블록체인은 커뮤니티를 이미 소유한 대기업에 유리해 보이지만, 이

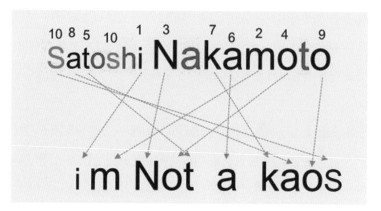

비트코인 개발자로 알려진 사토시 나카모토의 이름을 해독하면 "I'm not a kaos"라는 메시지가 나온다.

미 많은 비용이 들어가는 구조를 가지고 있어 비용 감당을 위해 기존의 수수료 사업 모델을 포기할 수 없는 대기업에는 불리하다. 물론 대기업도 블록체인이 가져올 산업의 변화를 글로벌 비즈니스 진출의 기회로 삼을 수 있다.

암호화폐의 근본적인 철학을 고민하고 있는 블록체인 프로젝트들은 영리기업이 아닌 비영리재단에서 진행되는 경우가 많다. 주주보다는 커뮤니티에 수익을 돌려주고 생태계에 참여한 구성원에게 이익을 돌려줘야 하기 때문이다. 사회적 기업들도 블록체인 플랫폼을 통해 선의에 기댄 마케팅이 아닌 플랫폼의 우월성으로써 일반 기업과의 경쟁에서 이길 수 있다.

2. 블록체인 기업,
일반 주식회사와 어떻게 다를까

필자가 경영 컨설팅을 시작한 지도 어느덧 15년, 그동안 수많은 기업을 만났고 120여 개의 프로젝트를 진행하면서 다양한 경험을 했다. 주식회사라는 기본 틀에 익숙한 필자에게 블록체인은 새로운 도전이었고, 새로운 가능성을 보여준 씨앗이었다.

대학 강의나 기업 특강을 할 때마다 기업의 목적과 본질에 대해 이야기를 한다. 그런데 기업의 존재 이유에 대해 질문을 하면 대부분 이윤 창출, 주주 가치 극대화라는 대답이 돌아온다. 가끔 사회공헌이라고 말하는 사람도 있다.

경영학에서 배운 바에 따르면 이윤 창출, 주주 가치 극대화, 지속 성장 등이 기업의 존재 이유라 이야기하는 것은 지극히 당연하다. 기업은 이윤을 창출해야 하고 주주들을 위해 기업 가치를 극대화해야하며, 지속 성장을 위해 비즈니스 영역을 확장해나가야 한다.

그러나 경영학의 아버지로 불리는 피터 드러커가 『경영의 실제 *Practice of Management*』라는 책에서 설명하는 기업의 목적은 조금

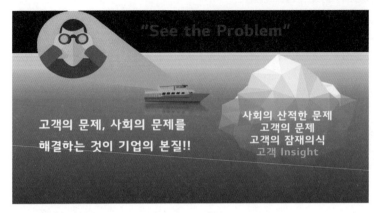

기업의 존재 이유는 고객과 사회의 문제를 규정하고 해결하는 데 있다.

다르다. "비즈니스의 목적은 고객을 창조하고 그 고객을 지켜가는 것이다The Purpose of a Business is to create and keep a customer."

　이렇게 생각하면 쉬울 것 같다. 우리의 제품, 서비스, 브랜드가 가치 있다고 생각해서 구매하는 고객이 없다면 이윤 창출도, 주주 가치 극대화도, 기업의 지속성도 보장할 수 없다. 따라서 모든 비즈니스, 모든 기업의 존재 이유는 고객으로부터 출발해야 한다. 고객이 없으면 기업은 존재할 수 없다. 즉 고객의 문제를 해결하기 위해 새로운 제품과 서비스와 솔루션을 만들어 더 나은 세상을 만드는 데 기여하는 것이 기업의 본질이어야 한다. 이러한 철학과 가치를 가진 사람이 기업가 정신을 가진 사람이며, 문제에서 기회를 발견하고 지속

지속가능은 가능한가?

가능한 솔루션을 만드는 사람이라고 말하고 싶다. 블록체인으로 세상을 이롭게 하려는 사람은 이러한 철학이 있고 살아 있는 기업가 정신을 갖추었다고 볼 수 있지 않을까? 적어도 필자가 만난 철학과 영혼이 있는 사람들은 그랬던 것 같다.

얼마 전에 영화 〈신과 함께 2〉를 제작한 리얼라이즈픽쳐스의 원동연 대표의 강의를 듣게 되었다. 대한민국에서 큰 인기를 얻은 드라마와 영화에는 몇 가지 키워드가 있는데, 그중 하나가 '정의justice'라고 한다. 권력과 돈을 쥔 강자에게 괴롭힘을 당했던 사람들은 늘 약자인 소시민이다. 그 약자들에게 가장 유쾌, 통쾌, 상쾌한 이야기는 '권선징악'이며 '정의가 이긴다'라는 단순한 스토리라는 것이다. 강의를 듣고 나니 드라마에 변호사, 판사, 검사, 경찰이 왜 그리 많이 나오는지, 마이클 샌델 교수의『정의란 무엇인가』라는 책이 왜 그리 많이 판매되었는지 알 것 같았다.

수많은 사람들이 블록체인에 열광하는 것도 비슷한 맥락인 듯하다. 블록체인은 기득권에 반기를 든 시민들의 디지털 혁명인 것이다. 즉, 기존의 상황을 뒤집을 수 있는 새로운 판이고 새로운 도전이라고 생각하기 때문이리라.

스타벅스에서 커피를 사 마신다고 소비자에게 보상을 주지는 않는다. 월마트에서 물건을 구매했다고 보상이 주어지는 것도 아니다. 구매한 제품과 서비스 자체가 보상이다. 돈을 버는 것은 스타벅스와 월마트 등 소수의 기업이었고, 그중에서도 소수의 주주에게 집중되었다. 지금까지는 그래왔다. 그러나 블록체인과 암호화폐가 결합한 세상에서는 달라진다. 제품과 서비스를 구매하는 소비자들에게 보상이 돌아가고 제조비용 이외의 금융비용, 조달비용, 물류비용 등 다양한 비용을 절감할 수 있다. 기존의 경제 생태계와는 완전히 다른 시스템이 작동하게 되는 것이다.

블록체인은 기존의 주식회사 시스템과 다른 점이 많다. 토큰을 발행하지만 주식은 아니다. 따라서 경영에 참여하거나 배당받을 권리가 전혀 없다. 주식회사는 주주들의 배당을 높여야 하기 때문에 해마다 이익을 창출하는 데 온 힘을 집중한다. 이 과정에서 상생보다는 승자독식이 만연하게 되었고, 소수의 주주들에게만 이익이 돌아갔다.

그러나 블록체인 기업은 토큰을 발행해 사업자금을 마련하고 보통 비영리재단으로 운영된다. 따라서 이윤을 높이기 위해 관계자들을 쥐어짤 이유가 없다. 대신 생산비용과 재단 운영 자금만 필요하기에 소비자와 생산자에게 더 많은 이익이 돌아가도록 비즈니스 모델의 혁신을 꾀한다. 즉 소비자와 생산자에게 혜택이 돌아가야 토큰이

지속가능은 가능한가?

많이 통용되고 그 가치가 상승해 수익을 창출하는 구조다. 일반 주식회사와 블록체인 회사의 다른 점을 정리하면 다음과 같다.

일반 주식회사	블록체인 회사
주식을 발행한다.	토큰을 발행한다.
기업의 주요 의사결정에 참여할 권리가 있다.	기업의 주요 의사결정에 참여할 권리가 없다.
배당받을 권리가 있다.	배당받을 권리가 없다.
주주 배당을 위해 매년 이익을 창출해야 한다.	배당을 위해 이익을 창출할 필요가 없다.
마진을 높이려 안간힘을 써야 한다.	마진을 높이려 안간힘을 쓸 필요가 없다.
생산 가격에 중간 유통 가격, 경비 등을 포함한다.	중간 단계를 없애 생산자와 소비자에게 더 많은 수익을 돌려줄 때 토큰의 수요가 늘어난다.
가격, 수수료 등을 높여 수익구조를 만든다.	토큰이 시장에서 유통되어 가치가 상승하는 것이 블록체인 회사의 수익구조가 된다.
참여자와 수익을 공유하지 않는다.	참여자와 수익을 공유한다.
원장(거래기록장부)이 중앙 집중화되어 있다.	원장이 분산되어 있고, 여러 사람이 공동 관리한다.
이윤 극대화를 위한 탐욕으로 소수에게 부가 집중된다.	중간 마진을 없애고 수익을 공유해 사회 가치를 실현한다.

일반적인 기업에서 볼 수 있는 중앙 집중화된 방식을 거부하고, 신뢰라는 키워드를 바탕으로 수많은 사람들을 연결시켜 새로운 세상을 꿈꾸는 민초들의 바보 같은 도전, 그런 철학이 있기에 대중이 블록체인에 열광하는 게 아닐까? 물론 단지 비트코인과 이더리움이라

디젤의 렌조 로소 회장과 그의 책 『바보가 되라』. 앞으로 세상은 도전을 멈추지 않는 바보들이 만들어갈 것이다.

는 암호화폐의 투자 가치에만 뜨거운 반응을 보이는 사람들도 있다. 하지만 우리가 더 가치 있게 보고 열광해야 할 것은 블록체인이 가진 철학이다.

필자는 이러한 사람들, 자기만의 확고한 철학을 가지고 더 나은 세상을 만들기 위해 무모하게 도전하는 사람을 '스투피드 챌린저Stupid Challenger'라고 이름 붙여봤다. 스투피드 챌린지는 청바지 브랜드 '디젤DIESEL'에서 따온 명칭이다. "성공이란 바보 같은 도전을 통해 남과 다른 자기만의 이야기를 만들어가는 것"이라는 디젤의 메시지에 공감하며, 필자 역시 바보 같고 멍청하다는 소리를 듣더라도 나만의 이야기를 만들어보자는 결심을 하게 됐다. 여하튼 세상에는 이런 스투

지속가능은 가능한가?

피드 챌린저들이 생각보다 많다.

지금부터 블록체인으로 사회적 가치를 실현하고 사회에 선한 영향력을 만들어가려는, 바보 같지만 작은 변화를 통해 자기만의 이야기를 써가고 있는 스투피드 챌린저 기업 또는 단체를 소개해보고자 한다. 미리 알아둘 것은 서비스가 만들어지고 상용화된 것이 아니라는 점이다. 다만 이들이 사회의 어떤 문제들을 어떻게 해결하고자 도전했는지 살펴보고, 각자의 삶에 어떻게 적용할지를 생각해보면 좋겠다.

의료 데이터 공유를 통한 협진과 비용 절감 솔루션, 심플리바이탈헬스
—

얼마 전 내가 가르치고 있던 학생의 어머니가 뇌종양 진단을 받았다는 소식을 들었다. 다행히 악성 종양은 아니었지만 항암 치료를 받아야 하는 험난한 여정이 기다리고 있다고 한다. 가족 모두 충격을 받아 할 말을 잃고 눈물만 흘렸다고 한다. 이럴 때 아픈 사람을 위해 해줄 수 있는 일이 정말 아무것도 없다는 것을 실감하게 된다. 그저 빨리 회복되어 건강한 모습으로 돌아오길 바라고 또 바라는 것이 우리가 할 수 있는 전부였다.

그런데 전 세계 최고 의료진이 어머니의 병을 자문해주고 적극적

"The open-source piece and blockchain specifically
— is a very strong way to decrease the cost of
healthcare globally."

KAT KUZMESKAS
CEO SIMPLY VITAL HEALTH

심플리바이탈헬스의 CEO 캣 쿠즈메스카스. 블록체인 기반의 의료 데이터 공유가 이루어진다면 환자의 치료율을 더 높여줄 것이라고 말한다.

인 협진을 통해 생존율을 높여준다면 어떨까? 대한민국에도 우수한 의료진이 많지만, 누군가 내 부모, 내 자녀의 병을 정확하게 진단하고 치료를 위한 자문을 해준다면 고마운 마음이 절로 들 것이다.

이러한 서비스가 이루어지려면 의료진 간의 협업이 가능하도록 의료 정보의 공유와 소통이 원활하게 진행되어야 한다. 이와 함께 개인 의료 정보에 대한 보안이 철저히 지켜져야 한다. 다행히 이런 시도를 하고 있는 블록체인 기반의 스타트업이 꽤 있다. 블록체인 기술을 활용해 의료 기록을 저장하고 환자의 정보를 안전하게 공유하며, 가치 중심의 의료 시스템을 만들고자 하는 스타트업 '심플리바이탈헬스SimplyVital Health'가 바로 그 기업이다.

심플리바이탈헬스의 CEO인 캣 쿠즈메스카스Kat Kuzmeskas는 코네티컷에서 지역사회 건강센터 네트워크를 위한 간호관리 플랫폼을 설계하고 이끌었던 공중보건 전문가이며, 예일 뉴헤븐 병원Yale New Haven Hospital에서 전략 플래너와 프로그램 매니저로 일한 경험이 있다. 2018년 11월 헬스케어 이노베이션 포럼의 강사로 한국을 방문했던 그녀는 "블록체인을 활용해 혁신적인 헬스케어 시스템 인프라를 만들 수 있다"라고 피력했다.

심플리바이탈헬스가 제공하는 서비스의 특징을 살펴보면 다음과 같다.*

① 의료 데이터를 공유하고 판매하는 생태계의 참여자들에게는 인센티브 형태의 보상이 가능하다. 참여의 대가로 토큰을 지급하고 데이터 공유의 결과물에 대한 혜택을 볼 수 있도록 설계해 많은 사람들의 데이터 공유를 촉진하겠다는 계획이다. 내가 공유한 의료 데이터가 누군가를 치료하는 데 도움이 되고 난치병을 극복할 수 있는 촉진제가 되어 그 혜택을 자녀나 가족 또는 지인들이 받게 된다면, 충분히 의미 있는 데이터 공유가 되리라 생각한다. 다만 개인 의료 정보에 대한 자발적인 공유가 사람들에게 편안하게 받아들여지려면 어떻게 해야 하는지를 고민해야 할 것이다.

---

* 심플리바이탈헬스 홈페이지(https://www.simplyvitalhealth.com)의 내용을 토대로 작성했다.

②해마다 민간과 공공부문의 의료비용이 점점 증가하고 있다. 데이터 공유가 활발해지면 전체적인 의료비용을 줄일 수 있다. 캣 쿠즈메스카스는 2025년까지 1000억 달러(약 113조 원)를 절감할 수 있다고 언론 인터뷰에서 말했다. 현재 글로벌 제약회사, 보험회사 등이 의료 데이터를 얻기 위해 많은 돈을 쓰고 있는데, 만약 데이터 접근이 좀 더 쉬워진다면 다양한 연구와 분석이 활발하게 진행될 수 있다는 것이다. 매년 조금씩 오르는 건강보험료와 병원 진료비를 현저히 낮추어 저렴하고 지속가능한 헬스케어 시스템을 만드는 것이 심플리바이탈헬스의 궁극적인 목표다. 데이터 공유를 통해 활발한 연구를 주도하는 제약회사, 보험회사 등은 인센티브를 제공하는 주체가 되지 않을까 싶다.

③병원에서 진료를 받다 보면 부득이하게 병원을 옮기게 되는 일이 생긴다. 이때 똑같은 검사를 또다시 받게 되는데, 이는 번거롭고 비용이 드는 문제다. 심플리바이탈헬스의 서비스를 이용하면 환자가 병원을 옮기더라도 데이터 공유를 통해 일관성 있는 치료를 받을 수 있다. 의료기관도 협업을 통해 포괄수가제를 적용받을 수 있다고 한다.

④커넥팅 케어 서비스Connecting Care Service는 가치 중심의 의료 시스템을 만들기 위한 것으로, 환자의 치료 성공률에 따라 의사에게 인센티브나 보상을 해준다. 보통 환자들은 치료를 마친 후에도 경과 확

인 등을 위해 지속적으로 병원을 다녀야 하는데, 이는 병원비 지출로 이어진다. 그러나 의사가 환자를 잘 치료해 병원 방문 횟수를 줄인다면, 건강보험료와 개인의 치료비를 낮출 수 있을 것이다. 평균 다섯 번 정도 가던 횟수를 두 번으로 줄이면 그 보험료의 일부를 의료진에게 인센티브로 지급하는 방식이다. 양심껏, 소신껏, 그리고 최선을 다해 환자를 돌보겠다는 동기부여를 해주는 좋은 서비스가 된다면 의미가 있을 것이다.

이런 서비스를 지속하기 위해 심플리바이탈헬스는 무엇을 준비해야 할까? 아니, 의료 관련 블록체인 기업들은 무엇을 준비해야 할까? 아마도 의료 정보에 대한 보안일 것이다. 데이터 공유에 따른 가장

How Health Nexus Empowers Interaction

| Buyer Requests Access to Data | Request is Cryptographically Signed | The Blockchain Confirms the Legitimacy of the Request |

Key Pair Securely Allows Access to Data and Smart Contracts Execute Payment

Seller Approves Request and a Key Pair is Issued

의료 정보의 공유가 어떻게 구현되는지에 대한 헬스넥서스^{Health Nexus}의 설명

큰 위험은 정보 유출이기 때문이다. 나의 유전 정보와 병원에서 검사 받은 모든 데이터가 세상에 공유된다는 것 자체가 그리 유쾌한 경험은 아닐 것이다. 블록체인 기술을 활용하면 정말 보안이 철저한지, 보안과 관련한 기술을 직접 구현해서 진행한 경험이 있는지, 만약 정보가 유출된다면 어떻게 대처할지 등에 대해 철저한 대비책을 마련해야 할 것이다.

제도권 금융 서비스를 받지 못하는 이주노동자를 위한 라라월드

——

회사 이름부터 눈길을 끌었다. 영화 〈라라랜드〉를 떠올리게 하는 이름이다. 라라랜드는 로스앤젤레스의 별칭이다. 현실과 동떨어진 상태, 꿈꾸는 사람들을 위한 별들의 도시라는 의미다. 그렇다면 '라라월드LALA World'의 창업자는 누구를 위한 라라월드를 만들려고 한 것일까? 어떤 생각으로 이런 회사를 만들었는지, 창업자가 어떤 삶을 살아왔는지 무척이나 궁금했다. '다른 사람의 아픔과 눈물과 상처에 공감할 줄 아는 사람이 새로운 세상을 꿈꾸며 만들지 않았을까?'라는 막연한 기대감을 가지고 자료를 수집해 꼼꼼히 읽어보았다.

라라월드의 CEO인 산칼프 샹그리Sankalp Shangri는 미국으로 이주한 인도인의 가정에서 자랐다. 자녀교육에 열성이었던 부모님은 아들의

이주노동자를 돕기 위해 라라월드를 창업한 산칼프 샹그리. 그 역시 이주민 가정 출신으로, 이주노동자가 겪는 어려움을 누구보다 잘 알고 있다.

미래를 위해 미국으로 이주했으나 다른 이주민들과 똑같이 어려움을 겪어야 했다. 2017년 11월 16일 샹그리는 〈블록체인 뉴스〉와의 인터뷰에서 "과거를 돌이켜보면 어머니는 이주노동자 가정의 구성원으로서 행복해하셨던 적이 별로 없다. 제대로 된 제도권 안의 시스템을 누릴 수 없었기에 많은 것이 부족했다. 난 좋은 교육을 받았고 운 좋게 좋은 경력을 갖게 됐지만, 전 세계 수억 명의 사람들이 내 가족이 겪은 것과 같은 문제들로 아직도 곤란을 겪고 있다는 것을 알았다. 이것이 동기부여가 됐다"라고 말했다. 산칼프 샹그리 가족이 이주민으로서 겪은 불편을 간단하게 정리해보면 다음과 같다.

① 제도권 금융의 다양한 혜택을 받기 어렵다.

② 외환 송금 시 수수료가 비싸고, 계좌가 없으면 송금하기 어렵다.

③ 대출 심사가 까다로워 대출을 받기 어렵다.

④ 보험 가입이 쉽지 않다.

⑤ 이주노동자의 신용등급이 낮아 신용카드를 만들기 어렵다.

개발도상국에는 은행 계좌가 없는 사람이 생각보다 많다. 외국에 일을 하러 간 가족이 고향의 부모님에게 돈을 보내려고 해도 은행 계좌가 없어 송금하지 못하는 경우가 있다. 또한 이주노동자들은 신용도가 없기에 은행에서 대출을 받거나 카드를 발급받기 어렵다고 한다. 다른 나라에서 살아본 사람이라면 한두 번쯤 겪게 되는 일이 아닐까 싶다.

산칼프 샹그리는 이주노동자의 어려움을 블록체인 기술을 활용해 해결하려고 했다. 사실 그는 누구보다도 제도권 금융의 생리를 잘 알고 있었다. 그는 도이치뱅크의 이사였으며, JP모건체이스 수석 부사장으로 근무한 적도 있기 때문이다. 그래서 제도권 금융의 엄격하고 딱딱한 규제, 중앙화 구조를 바꾸고 싶었던 것이 아닐까? 그 자신이 이주노동자의 아들이었기에, 가족이 겪었던 아픔과 상처, 불편을 해결하고자 직접 뛰어든 것이다. 한마디로 그는 좋은 직장에서 잘 먹고 잘살 수 있었지만, 미래가 보장된 안정된 삶을 버리기로 했다. 그리고 이주민들에게 '더 나은 삶의 기본적 요건을 갖춘 커뮤니티 라라'를 선물하기 위해 창업한 바보 같은 사람, 이 시대의 스투피드 챌린저다.

라라월드는 싱가포르에 기반을 두고 있다. 인도, 말레이시아, 두바이 등에서 제도권 은행을 이용할 수 없는 이주노동자들에게 블록체인 기술을 바탕으로 한 송금, 청구서 지불, 대출, 카드 등의 금융 서비스를 제공할 것이다.

특히 동남아시아 지역의 이주노동자나 이민자들에게 서비스를 제공하기 위해 준비하고 있다. '코스 월렛Coss Wallet' 앱을 다운받아 네트워크에 등록된 상점에서 파트너 기업들의 상품을 디지털 토큰으로 구매할 수도 있고, 선불 시스템인 라라카드로 체크카드나 신용카드처럼 이용할 수도 있다. ATM 이용과 온라인 뱅킹도 가능할 것이라고 한다. 현재 방글라데시에서 말레이시아로 건너간 이주노동자들이 첫 테스트 마켓이 될 것이라고 한다. 곧 적용 사례가 나오고 상용화되어 수많은 이주노동자들의 삶을 개선하는 솔루션이 되었으면 하는 마음이다.*

라라월드가 사회적 기업으로서 지속 성장하기 위해 고민해야 할 점들을 살펴보면 다음과 같다.

---

* 라라월드 홈페이지(https://lalaworld.io/)를 토대로 작성했다.

①기존의 카드, 대출, 송금, 지불 서비스와 다른 차별화 전략이 있는가?

②블록체인과 암호화폐를 모르는 일반 소비자도 쉽게 사용할 수 있게 서비스가 구성되어 있는가?

③수수료 기반의 수익 모델이 아닌 다른 형태의 수익 모델이 존재하는가? 어마어마한 수수료 수익을 얻는 기존 금융과 얼마나 차별화되는가? 새로운 수익 모델을 만들어내기 위해 어떤 노력을 얼마나 해야 하는가?

④홈페이지에 공개한 로드맵 일정대로 진행되고 있는가? 블록체인 기업들의 사기 행각이 많아지면서 우려의 목소리가 높다. 그런 우려를 불식할 만한 실력을 갖추었음을 어떻게 보여줄 수 있는가?

⑤라라월드가 지속 성장하기 위해 지금 당장 필요한 것은 무엇인가?

근로계약의 투명성과 대기업의 갑질을 막는 블록체인 기업은 없을까?
——

국제노동기구ILO와 호주의 인권단체인 워크프리재단WFF이 발간한 「2017 현대판 세계 노예 추정 보고서」에 따르면, 전 세계적으로 약 2500만 명의 사람들이 강제로 노동력을 제공하고 있다고 한다. 이 중 47퍼센트가 아시아태평양 지역에 속해 있다. 어린아이들이 학교에 가지 못하고 하루 종일 노동을 한 결과물로 우리가 커피를 마시고, 신발을 신고, 음식을 먹는다는 것은 이미 널리 알려진 사실이다.

이러한 노동환경을 개선하기 위해 블록체인 기술을 활용한 프로젝트가 현재 진행되고 있다. 블록체인 분산 원장 기술을 이용해 근로자의 계약 내용을 안전하게 보호함으로써 대기업의 노동착취를 조금이라도 막아보자는 것이 이 프로젝트의 취지다. 프로젝트를 진행하는 기업은 코카콜라다. 미국 국무부, 기술업체 비트퓨리, 이머코인, 블록체인 트러스트액셀러레이터BTA와 공동으로 프로젝트를 진행한다고 한다.

눈여겨볼 점은 코카콜라가 블록체인 기술을 이용해 강제노동을 막아보겠다고 하는 것이다. 코카콜라 직장권리 글로벌 책임자인 브렌트 월튼은 "우리는 이 프로젝트의 파일럿 파트너로 참여해 우리 공급망에서 노동정책과 관련한 검증 프로세스의 투명성과 효율성을 더욱 높이고자 한다"라고 말했다. 노동계약을 이행하도록 하는 강제성이나 법적 효력은 없지만 계약이 증거로 남기 때문에 감시관 역할은 가능하지 않을까 싶다. 갑질이 난무하고 인간에 대한 존중이 점점 사라지는 요즘의 상황에 적절한 프로젝트라고 생각한다.

코카콜라의 이번 프로젝트를 통해 대기업의 갑질을 해결할 수 있

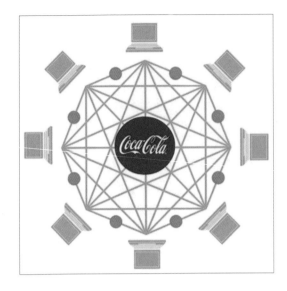

코카콜라는 블록체인 기술을 이용해 투명한 근로조건을 제공하기 위한 노력을 기울이고 있다.

는 솔루션을 만들 수는 없을까? 하청업체와 대기업 사이의 계약 내용을 투명하게 공개하고, 계약 사항을 제대로 이행한 기업에 대해서는 사회적 가치를 실현하는 기업임을 인증해주는 시스템이 있다면, 갑질 문화가 조금은 사라지지 않을까 하는 상상을 해본다.

'두껍아 두껍아 헌집 다오 새집 줄게'가 가능할까?

크라우드펀딩Crowd Funding은 다양한 사회문제를 해결할 수 있는 엄청난 힘을 가진 도구다. 이를 '참여와 누림의 경제학'이라고 말하고 싶다. 박항준 세한대학교 교수는 '이국종 코인'을 제안하면서 이를 '누림의 경제'라고 말한 적이 있다. 매달 1만 원씩 12개월 동안 100만 명이 펀딩에 참여하면 대한민국에 필요한 외상센터를 지을 수 있다는 것이다. 펀딩에 참여한 사람들에게는 보상이 주어진다. 갑작스러운 사고를 당했을 때 외상센터의 VIP 병실을 이용할 수 있는 권리를 주는 것이다. 100만 명이 펀딩에 참여해 1200억 원이 모이면, 이국종 교수가 그토록 원하던 외상센터 몇 개소를 지을 수 있다. 이국종 코인은 예시일 뿐이지만, 시민들이 참여하고 그 대가로 보상을 받는 시스템을 잘 설계한다면 수많은 사람들을 도울 수 있는 '참여와 누림의 경제'를 실현할 수 있을 것이다.

2019년에 필자가 추진하고자 하는 프로젝트는 '두꺼비 프로젝트'다. 어릴 적 친구들과 하던 놀이에서 떠올린 이름이다. '두껍아 두껍아 헌집 줄게, 새집 다오'라는 노래를 부르며 하는 놀이인데, 가사를 바꿔서 '헌집 다오, 새집 줄게'가 되었다. 헌집을 주면 우리가 리모델링을 해서 새집으로 바꾸어준다는 이야기다.

그럼 리모델링에 필요한 돈은 어디서 구할까? 그 돈은 앞서 이야기한 것처럼 시민들의 힘을 빌려 마련하고자 한다. 예를 들어 무허가 주택이 밀집한 곳에 북카페와 게스트하우스를 만든다면, 주민들이 문화생활을 할 수 있게 되고 관광객도 찾아올 것이다. 수익이 생기고 마을의 분위기도 살아나는 일석이조의 효과다. 필요한 자금은 1코인에 커피 2잔이라는 실물과 연동된 코인을 1만 원에 판매해 마련한다. 커피 2잔에 다 쓰러져 가던 마을이 살아나고 주민들의 얼굴에 웃음꽃이 피어난다면 가치 있는 소비가 아닐까?

행여 이 코인을 사용하지 않아도 나중에 거래소에서 팔 수도 있다. 1코인에 커피 2잔을 1만 원에 구매한 사람은 커피 값이 8000원으로 오르더라도 5000원에 사 마시는 셈이 되고, 커피 값이 오른다면 투자 가치도 생기는 것이기에 손해 볼 일은 거의 없다. 즉 실물경제와 연동해 많은 사람들이 싸고 좋은 물건을 구매함과 동시에 투자 가치도 생성되도록 한다면, 참여와 누림의 경제를 동시에 달성하게 될 것이다.

유엔의 지속가능한 발전을 위한 블록체인 위원회에서 활동하는 파리스 웨이스Faris Oweis 위원의 말을 되새겨보자. "블록체인은 더 공평한 공동체를 위한 경제적 사다리다. 블록체인은 그 자체로 세상을 개선할 해결책은 아니다. 그 여부는 어떤 사람이 어떤 동기를 가지고 이 기술을 활용하느냐에 달려 있다."

나는 두꺼비 프로젝트를 통해 청년들의 주거문제 해결이 가능한지 탐색해보고 싶다. 바보 같고 말도 안 되는 도전처럼 보일 수 있지

지속가능은 가능한가?

만, 블록체인의 철학과 기술을 잘 활용하면 불가능한 일은 아니라고
본다.

블록체인과 암호화폐의 관점에서 바라본 사회적 기업의 미래는 철
학과 비즈니스 모델을 어떻게 설계하느냐에 달려 있다. 의식 있는 사
람들이 자발적으로 참여하고 그들이 혜택을 누릴 수 있는 비즈니스
생태계를 조성해야 할 것이다. 블록체인 기반의 플랫폼에서는 수익
이 커뮤니티에 돌아가도록 해서 지속적인 선순환구조가 만들어지도
록 해야 한다. 이때를 위해 우리는 기업의 존재 이유, 내가 사업을 하
는 이유를 다시 한 번 점검하고 수익을 창출하기 위한 다양한 시도
를 해보아야 할 것이다. 스투피드 챌린저처럼.

지속가능은 가능한가?

ⓒ 김홍탁 문나래 이상진 장헌주 임지성 이주열 박성재 2019

1판 1쇄 인쇄 2019년 8월 28일
1판 1쇄 발행 2019년 9월 3일

지은이   김홍탁 문나래 이상진 장헌주 임지성 이주열 박성재
펴낸이   황상욱

편집   윤해승 이은현 오효순
디자인   김선미
마케팅   최향모 이지민
제작   강신은 김동욱 임현식
제작처   영신사

펴낸곳   휴먼큐브(주)
출판등록   2015년 7월 24일 제406-2015-000096호

주소   10881 경기도 파주시 회동길 455-3 3층
전자우편   forviya@munhak.com
전화   031-8071-8685(편집) 031-8071-8670(마케팅)
팩스   031-8071-8672

ISBN 979-11-88874-39-2 03320

트위터 @humancube44   페이스북 fb.com/humancube44

Act
Right
Now